U0104206

語文教學叢書

國文語法教學的理論與實務

楊如雪　著

自序

　　跟萬卷樓圖書股份有限公司合作，出版《文法 ABC》是上個世紀的事，至今已將近二十年的光景。這段期間我國極力的推動教育改革，影響所至，除了師資培育的多元以外，當然還包括入學管道與教材的變革。身為一個國語文教學的工作者與研究者，受到的影響與衝擊不可謂不大。不過對於第一線的中學國語文教師而言，不僅須面臨教學時數的縮減，也要面對教材多元且教材內容多變的新局，可能感受更為深刻。

　　個人自一九九五年開始接觸、參與中學國文教科書的編寫工作，從國編本（由國立編譯館統一編撰的版本）到一綱多本，自每冊參與編寫的實務，到目前退居二線，只擔任諮詢工作，雖不能說是「無役不與」，但其實很能體會國語文教師的處境與難處，因為我必須經常面對教師或家長提出來的問題。不過受限於個人的研究領域，教師所提的問題，我經手的主要跟語法有關：跟詞有關的，舉凡詞的區分、歸類、甚至詞的內部結構種種問題，必要時都得回答；跟句型有關的，則包括句型或語句成分的判斷，甚至複句關係的判定，也要能夠解決。而來自家長的詢問，則經常與學生的「考題」有關，可是我要解決的「考題」問題，也無法跳脫上述的範圍。

　　個人在教學單位服務，也開了一些與國文教學有關的課程，尤其在教學碩士學位的學程中，來進修的都已是第一線的國文教師，不過非師範院校出身的老師，大學時代通常不具有「國文文法」課程的學習背景，遇到教材上需要處理跟文法有關的問題，他們多感到棘手。

　　尤其現在，講究教法需要多元、教學或教室需要**翻轉**，如何在一堆林林總總的語法術語中，為老師建立起提綱挈領式的清楚概念與理論基礎，又能提出一些簡易、可行的操作方式，讓老師們能輕鬆、有效率的進行語法教學，讓學生能專注、愉快的打好語法學習的基石，一直是縈繞在個人心中的一個問題。

　　這本小書，就是在這些機緣下的產物。

　　因為，這些年裡，或因開課所需，必須準備教材；或偶遇一些機會必須發表文章，所以陸陸續續集結了一些資料。當把這些資料聚在一起時，發現如果不彙集成冊，每個單篇看起來都只是各成體系的文章；可是擺在一起細看，這些單篇當中，其實隱隱有著強大的聯繫，它們一方面傳達個人在語法教學的一些理念或理想，也體現個人嘗試將理念或理想化為具體行動時，其實具有實際操作的可行性。

　　因此，將這些篇章集結成冊，分為上、下兩編：上編偏向理論或語法體系的介紹，下編則是語法教學的實務操作。

上編

　　國文教學裡的「語法教學」，究竟是什麼屬性？屬於哪個範疇？如果教師在進行語法教學前，能對語法、教學語法、語法教學等先有概括的認識，真正進行教學時，觀念必定更為清晰，所以我們除了辨析教學語法與理論語法的異同，並提出語法教學的相關原則。這些可視為本書的緒論，是為第一章。

　　中學國文教學要處理的教材與範文，包括文言文與白話文。文言與白話並不同屬一個語言層，不過兩者之間雖有變革，但也有傳承。所以在語言或語法的層面上，知古往往可以通今；而了解口語構詞、造句的法則，也有助於我們掌握文言文的規範與特點。尤其對於有志

從事華語文教學（或對外漢語教學）的朋友來說，能精確的掌握我們這個語言的特點，在教學時能與學習者的母語進行比較，找出他們在學習這個「目的語」的語法難點（「目的語」是針對學習母語以外的語言來說的，在此「目的語」指外籍人士來華學習的現代漢語，或稱華語），極為重要。因此，羅列出現代漢語在語法方面的十大特點，是為第二章。

不論從事國文教學或對外的華語文教學，對於詞類的掌握、句型的認識都有其必要性。要掌握詞類，必須先了解詞類區分的依據，教學時，才能清楚的為漢語的詞類進行介紹；要了解句型，對於句型分類的方式也必須有所認識。因此，第三章、第四章便分別介紹詞類、句型。

國文課裡的語法教學，必須與國文教學的聆聽、說話、閱讀、寫作結合，才有意義。學生學了相關的語法知識，是要去解決閱讀教學裡遇到的問題，增進其閱讀理解的能力；在寫作方面，也希望透過語法相關知識的學習，讓學生寫出來的文章不但詞能達意，而且表現清楚的邏輯思維。第五章「文法知識在閱讀與寫作教學中的應用」便分別介紹文法知識如何應用在文言與白話的閱讀教學以及寫作教學中。

下編

一、二兩章，是配合上編詞類概述與句型介紹所作的活動設計。第一章三、四、五節主要內容，曾在《國文天地》發表過，當時，芳和國中林鑾英老師還把其中的一些活動在她的班上實際操作過，學生反應良好。之後，她寫了一篇〈語法教學記實〉，也發表在《國文天地》。此次，這三節的活動設計略有增補，又增添了詞類教學的學習單；同時還另外設計數量詞的教學活動。第二章是從學生「做中學」

的視角，設計以單句為中心的句型教學活動，從積詞成句，到認識各種句型，一方面與句型介紹的相關理論結合，另一方面對每個教學活動，除了介紹活動的流程以外，都還明確指出該活動的教學目標，並附有活動的學習單。

國語文教學的評量，除了傳統的紙筆測驗以外，其實可以很多元。所以第三章文法教學的另類評量，設計有關詞類與句型的遊戲化評量，並視活動的實際需要，酌附關於活動準備、空間需求、遊戲規則等的相關說明。希望拋磚引玉，期待老師們開發更多元、更靈活的評量方式，跳脫只將答案讓學生四選一的窠臼。

第四章的雛形是一個國科會研究計畫的後續研究，原本只在一百八十六本國中學童作文樣本中，找出語句裡的語法錯誤現象，進行歸納、分析，在二〇〇五年國立臺灣師範大學舉辦的中小學國文作文教學理論與實務研討會上發表，會後收入《國文作文教學的理論與實務》第十二章（臺北市：心理出版社）。不過，如果僅「呈現錯誤」，縱然條列得再詳細，其實還只是消極的作法，因此，加入了較為積極的「導正錯誤的教學策略」，成為一章。

第五章、第六章的部分內容，曾分別以〈成語的語法特色〉、〈關於「聯綿詞」〉的篇名，發表在《國文天地》和《飛揚》兩份刊物上。因為成語或慣用語，一方面反映漢語構詞、造句的通則，另一方面也體現漢語語法的特殊性；而聯綿詞，在國語文教學裡向來也頗棘手。所以增補一些教學策略，成為下編的五、六兩章。

國文教師進行範文教學時，免不了要處理詞類活用的問題，不過對於活用以後意義的變化與其本義之間的關係，坊間的參考書往往莫衷一是。所以曾嘗試以沈括《夢溪筆談・石油》：「石炭煙亦大，墨人衣。」的「墨」為一個起點，探討其詞義的引申變化，分析其語意成分，還分別從中學國文教科書的常見篇目中找出名詞與形容詞活用為

述語的例子，進行意義變化的相關考察，於第三屆臺灣、香港、大陸三地語文教學國際學術研討會宣讀。這是將國文教學的小議題擴展成學術研究而成篇的，列為附錄。

　　書中某些篇章，過去曾發表過，在此次集結成冊時，有的篇章更動較大，有的僅略作增補，或原文照錄。更動較大的，像下編第一章；略作增補的像下編第四章、第五章，而上編第五章、下編第六章與附錄則原文照錄。曾經發表過的文章，可能在當時有論文格式上的一些要求，所以彙整下來，全書體例或格式不見得完全一致。至於使用的術語，雖力求一致，但有時貪圖行文方便，仍有部分未完全統一，例如「短語」、「結構」或「短語結構」合稱，所指的都是詞與詞的組合，近似於英文的 phrase；「語法」、「文法」這兩個術語，在書中基本上廣義的是指語言在語音、詞彙、句法等方面所有規律的總合，狹義的則指構詞、造句的規律，這部分也未刻意再作調整。至於文中引用來討論或作為活動設計裡的例句，主要來自中學國文教科書。教科書對範文均已詳細說明其出處，因此本文引述的多數例句並未說明原始出處。

　　今年，個人在教育崗位上服務剛好屆滿四十年，這本小書能在此時付梓，更是別具意義。感謝萬卷樓願意讓本書問世；感謝一路陪我走來的師長、朋友，大家對我總是鼓勵多於督促；感謝我的家人給予的無盡包容與支持；還要感謝學生們與我的互動，你們的一個問題、一句話，往往都可能成為某些活動設計的觸發。尤其冠伶不僅幫了很多校對工作，並且在這本論文集的成書過程中，對一些教學活動流程或學習單的編排，提出很多教學現場實務操作的寶貴意見。

　　謹以此書獻給在國語文教學領域裡默默付出的前輩與工作夥伴。

楊如雪

目次

附錄

上編

第一章
緒論──語法、教學語法與語法教學

　　「語法」指的是什麼？教學語法與語法教學，表面上看起來只有詞序不同，會使得意義也不同嗎？語法又要怎麼教？如果真正進行語法教學，那麼要教些什麼？相信這一連串的問題，曾經縈繞在不少人的心頭。以下我們將為大家把這些疑問一一解開。

第一節　「語法」釋名

　　語法一詞譯自 Grammar[1]，或譯為文法，有廣、狹兩義，廣義的指對一個語言的整個的描寫；狹義的指語言中聲韻或音韻以外的結構規律（丁邦新譯，1982：1）。本書以下所討論的語法，皆指狹義的語法。

　　語法認知在語文的學習上極為重要，是語文學習的樞紐（姚榮松，1987a：18）。語文教學中，有關語法的教學，也是極為重要的一環，因為如果能掌握語文的語法特點與規律，學習起來就像是得到一把語文學習的鑰匙一樣，能執簡御繁，事半功倍。

1　Grammar一詞的來源，有不同的說法，一說源自古法語「gramaire」；一說源自希臘語，古希臘語「gram」是「寫」的意思，「grammar」則指「寫出來的東西」。

一 語法的含義與分類

　　語言在聲韻或音韻以外究竟包含哪些結構規律？首先，我們必須了解：語言本身的結構規律是存在於具體的自然語言中，是一且唯一的，是每個使用該語言的人必須遵守的，這是客觀存在的事實，屬於「客觀語法」（戴云，2007：160）。

　　不過這種客觀語法本身是抽象的，它存在於每個母語使用者的「語言能力」之中，必須透過適當的「描述」，才會「呈現」出來。因此，語言研究者必須根據其研究所得，將語言的結構規律描述出來。

　　但是語言研究者針對語言所歸納出來的結構規律可能因人而異，也可能因方法不同而有差別。於是語法研究便可依不同的標準分出各種小類[2]，如果從使用的對象、作用和目的的角度來看，可將語法分為「理論語法」和「教學語法」（張先亮、李愛民，1994：48）。

二 理論語法與教學語法

　　「理論語法」指語法學家按照自己的語言觀和方法論對某種語言的語法所作的分析和描述，隸屬於「理論語言學」（theoretical linguistics）。理論語言學是研究語言理論的科學，語法只是其研究中的一部分。因為語法學家對某種語言的語法進行分析、描述時，必須依循科學研究的方法，講求客觀性（objectivity）、系統性（systemmaticity）與可驗證性（verifiability），所以理論語法又可稱「科學語法」或「專家語法」（卞覺非，2004：24-5；戴云，2007：160）。

2　例如：可以根據研究方法的不同，分為描寫語法、歷史語法、比較語法、歷史比較語法；也可以根據使用語料來源的時間不同，分為共時語法與歷時語法；還可以根據語法研究對象的不同進行分類，分為個別語言的語法與普遍的語法等。

　　理論語法可以是純粹就客觀事實進行描寫，偏重語法事實的研究或語言用例的探討等；也可以著重於語法理論的研究、探索。語法理論的探索，則可以大到方法論的研究，小到具體的理論、方法介紹等，都屬於理論語法的範疇。這兩種角度所呈現出來的語法，是語言研究者以個人的觀點所得到的結果，所以又可稱為「專家語法」；而且專家們多以描寫的方式來呈現，所以屬於「描寫語法」的範疇[3]。

　　跟理論語法相對的，是教學語法。教學語法隸屬於教學語言學（pedagogical linguistics），教學語言學亦稱教育語言學（educational linguistics），其研究領域包括整個語言教學，語法只是其中的一個部分。「教學語法」是根據語言教學的要求而制訂的語法體系，注重規範性和實用性，講究可接受性，所以要求實用、可讀性強，以指導學習者掌握用詞、造句的規則，方便學習者學以致用，也稱「學校語法」、「課堂語法」、「規範語法」，「教學語法」還進一步包括所使用的語法教材（戚雨村等，1994：528；張先亮、李愛民，1994：48；郭熙，2002：60；卞覺非，2004：26；戴云，2007：160）。

　　教學語法還有廣狹兩種說法，廣義的可以泛指各級學校裡的語法教學以及所運用的語法教學材料；狹義的指中學的語法教學；在中國還可以專指五〇年代《暫擬漢語教學語法系統》和八〇年代《中學教學語法系統提要》[4]（戚雨村等，1994：528；張先亮、李愛民，

3　「描寫語法」指的是運用「描寫研究法」完成的語法，描寫研究法是強調對語言事實進行客觀描寫的一種研究方法。

4　這兩個語法系統的產生，《暫擬漢語教學語法系統》是中國政府為了在中等學校實行漢語和文學分科教學而決定編寫一套漢語課本，針對其中的語法部分，由人民教育出版社於一九五四年成立了中學漢語編輯室，聽取各方面的意見，先著手擬訂一個教學語法系統，然後根據這個系統編寫中學漢語課本的語法部分。一九五六年上半年以《暫擬漢語教學語法系統》的名稱正式公佈，據以編寫中學《漢語》課本，並於一九七五年完成六冊中學《漢語》課本。《中學教學語法系統提要》其實是試用本，是北京人民教育出版社中學語文室一九八四年公佈的，主要針對《暫擬漢語教學語

1994：48；郭熙，2002：60）。至於本書所討論的，則指目前我國中學的教學語法以及語法教學。

第二節 理論語法與教學語法的異同

理論語法與教學語法其實無法截然分開，教學語法從理論語法中吸取新的理論，同時理論語法對語法的教學影響也是顯而易見的。不過理論語法屬於理論語言學的一環。理論語言學具有前瞻性、創造性、探索性等特質，所以理論語法的領域往往不限定於微觀的語法本身，而是著力研究對語言的解釋性，並以宏觀的角度研究跟語言、語法相關的哲學、邏輯、心理認知、歷史、文化、社會、文學、藝術等問題。這些研究成果有的可用於語言教學，有的不行。因此，理論語法與教學語法便有差異。我們可以分別從下面幾個方面切入來看。

一 兩者各有所重

理論語法的使用對象主要為語法研究者，而教學語法的使用對象是語法教學者和語言學習者。適用對象不同，當然就會造成本質上的差異。

兩者在本質上最大的差異在於：學校語法重在實踐，理論語法或科學語法重在理論的提高（王力，1957：49）。但是也不能就因此說這兩者之間沒有交流，事實上任何一種好的教學語法或學校語法，也像理論語法一樣，都應該建立在科學的基礎之上。所不同的不過在於

法系統》進行必要的修訂，將傳統的成分分析法和結構主義語法的層次分析法進行整合，並融入自《暫擬漢語教學語法系統》之後語法研究的重要成果，以此語法體系作為學校，主要是中學，教學語法的依據（參見黃德智，1985：86-87，91-94）。

難易的程度以及所敘述的材料的範圍（布達哥夫，1958：153；轉引自郭熙，2002：60）。因此，這兩者之間其實存在著一些共同的特質，但也分別各具不同的特點。

二　理論語法與教學語法相同、相通之處

理論語法與教學語法在系統性和科學性方面，是相同、相通的（張先亮、李愛民，1994：49-50）。

（一）系統性

語言學者對於語言的界定，多數都提到語言具有系統性（謝國平2004：10），系統性可說是語言的重要特徵之一。語言本身是由許多「單位」組成的，在語法的部分，其組成的單位包括語素（morpheme）、詞、短語結構、單句、複句甚至句群，這些單位並非孤立的，單位與單位之間必須按一定的方式、關係組成。前述的五個單位是語法的五個層級，這五個層級組成語法這個「系統」。這五個層級，分別各是一個子系統；而子系統之下，還有更小的系統。例如「詞」這個子系統，可以依其句法功能為詞進行分類，將詞分為名詞、動詞、形容詞等不同的詞類，而各類詞之下又可分別再細分為小的次類；詞也可以依據其構成成分的不同進行小類的劃分，分為單純詞與合成詞，而單純詞、合成詞之下，又可各自再行細分為更小的次類。

另外，這五個層級之間彼此具有嚴謹的層次關係。例如：語素可以組成詞，而詞則可組成短語或句子，所以這五個層級之間，並非彼此不聯繫的。

語法的描述，一方面展現語言本身構詞、造句的規律，另一方面在描述時，也必須遵循其間的體系與層次關係；否則勢必「毫無章

法」可言。若不遵循語言體系與層次關係，語言研究者或語言學習者，都無法藉由該論述或描寫，掌握語法的體系。因此不論理論語法或教學語法，都必須反映、體現語法的系統。這是兩者本質上的相通、相同之處。

（二）科學性

語言學家把語言學界定為「對於語言的科學研究」（the scientific study of language），或是「語言的科學」（the science of language）（謝國平，2004：45），語法是語言的結構規律，語法學家研究語法時，自然也具有「科學性」。

科學性一方面指的是研究方法的要求，就是必須客觀、可驗證，而且具有系統性（謝國平，2004：47）。另一方面科學性也表現在語法系統的兩個方面：一是這個系統能比較準確的反映語言、語法的實際，另一個則是能把對語言、語法的認識以及其理論根據，準確的表述出來（張先亮、李愛民，1994：50）。

因此可以說：要成為一個系統，就必須具備科學性。不過科學性是相對而非絕對的，因為語言本身也在不停的發展、變異，所以科學性又以相對性與時代性為前提。

科學性的研究方法與語法系統的準確反映與表述，這種要求不論理論語法與教學語法都是必要的。

三　教學語法與理論語法的相異之處

（一）實用 vs. 理論

顧名思義，理論語法重理論，而教學語法重實用。

　　教學語法的目的是讓學生理解語言，進而用這個語言表達自己的思想（戴云，2007：160），也就是使學生通過語法的學習，以提高其語文能力。為達到這個目的，教學語法必須切合實際。因此，在不違背科學性的前提之下，教學語法注重實用性。只要對語文學習有益，能提高學生的閱讀能力、寫作能力，就應該要講，而且要多講；對學生語文學習的作用與助益不大的，則少講或不講。實用性可說是教學語法的主要特點，也是檢驗教學語法是否理想的一個重要標準（張先亮、李愛民，1994：50）。

　　反觀理論語法，其總體特徵是「解釋性」（卞覺非，2004：26），主要目的之一是分析語言的結構（戴云，2007：160），注重如何從科學角度對相關的語法規律進行描寫，作理論上的探討，以揭示語言的性質、特點，完全不必考慮對象是否能掌握這些規律，也不考慮對象掌握規律以後有無實用價值。因此理論性是理論語法的生命（張先亮、李愛民，1994：50）。

（二）簡明 vs. 詳盡

　　教學語法「以教學為本」（王力，1957：42），以實用為目的，但往往受到教學實際情況的限制，所以必須簡單明瞭。簡單明瞭才易於教學、才便於應用。簡明是有所取捨，在術語和體系方面可沿用舊有的、較為人知的系統，採用既有的定論或折衷的說法，對於一些有爭議的問題、複雜的問題暫不作探討；同時因為要注重實用性，所以必須與語言的實際狀況、學生學習的實際情形相聯結，要對學生的先備知識進行分析，只要對理解語言有助益，對閱讀、寫作有幫助的，就要作深入淺出的講解；但又非面面俱到，而是抓住重點，準確說明，有效分析語言現象，尤其不宜僅將各家學說搬上講臺；因為掌握教學語法對語言結構的分析，主要目的在幫助學生理解和表達，分析和分

析的方法只是手段,並不是目的(張先亮、李愛民,1994:50-51;
戴云,2007:160)。

然而,理論語法對任何理論問題或語言現象,都應尋根究柢,力
求窮盡。理論語法往往可以為某一個語言的現象,進行深入的探討,
動輒數萬言,其目的在於探析語言現象的性質、功能,以及與其他語
言成分的關係等問題,因此往往引用大量語料,進行細膩的分析,才
能顯現其價值。詳盡是理論語法追求的重要目標(張先亮、李愛民,
1994:51)。

(三)穩定 vs. 創新

理論語法必須跟著語言、語法理論的思潮,不斷的前進,不宜停
滯,因此理論語法貴在創新。一部理論性的著作或一篇論文的價值,
在於作者以新內容、運用新的方法、獲得新的觀點與成就;有時作者
可能利用前人已研究過的語料內容,但以不同的視野、不同的方法
進行分析、探討,於是開展出新的觀點。這是理論語法應該追求的
目標。

教學語法則貴在穩定,不能根據層出不窮的各種新理論,每時每
刻都在修改自己的教學體系,因為這樣,學生和老師都無所適從(卞
覺非,2004:26)。教學語法一旦形成體系後,往往具有「法」的效
力,可能一段時間都不會輕易的、大幅度的變動。教學者縱使有自己
的觀點,也不宜貿然向學生傳授,以免造成混亂。不過教學語法也非
一成不變,它仍舊要不斷吸收理論語法成熟的新成果以充實其內容
(張先亮、李愛民,1994:51)。因此可以說:理論語法是教學語法
的基礎,教學語法是理論語法的普及。

除此之外,教學語法因為要應用在教學現場中,學生如果樂於學
習,勢必具有事半功倍的效果。所以如何引起學生學習的興趣與動

機，也是教學語法很重要的課題。因此，教學語法還必須具備趣味性的特點，要以生動有趣的方法傳授，從日常生活的語言實例以及文學作品中，選取生動有趣的例子，多採用討論、啟發等方法教學，這需要教師對語法體系、語法知識的掌握與了解才能達到（張先亮、李愛民，1994：51）。有關語法教學方法的理論性敘述，請見本章第三節。

第三節　語法教學

　　本節的重點在理論性的介紹如何將教學語法的內容教授給學生，主要闡述的是語法教學的原則和方法。至於語法教學的實務性介紹，包括實際操作的方法與各重要語法點相關的活動設計，請參見本書下編的相關敘述。

一　語法教學應遵守的原則

　　語法教學究竟要掌握哪些原則？其實語法教學的原則與教學語法的特性有密切的關係。教學語法具有系統性、科學性的本質，又有講求實用、簡明、穩定的特點，更應注重趣味性，所以從事語法教學時，便不能偏離這些本質與特點。

（一）系統性

　　語法教學的首要原則是「系統性」，不僅語法體系本身具有系統性，不宜東拼西湊，以免自相矛盾；且宜顧及語言本身是一體的，所以語法必須與語意、語用相結合，才能照顧、體現教學語法的本質與特點。

　　目前，國內的語法教學，在所謂「一綱多本」的課程架構之下，

其實系統性不強，或者可以說相當缺乏系統性，因為國內並未有一套真正的「教學語法」，各家教科書業者賴以編寫教科書的課程綱要，其相關規定，都只是抽象的原則；因此，業者在編寫教科書時，各有所重，也各有所從，不僅使用的術語未完全統一，所介紹的語法，內容詳略也不盡相同。這在語法教學上其實是大忌。所以便任由教科書以及坊間的參考書、測驗卷業者來「考驗」我們的學生，學生所學到的，往往只是片段的、支離的知識，無法有效應用於語文的學習與表達上，也無助於提升其語文能力。這種情形，不僅造成老師教學無所依歸，也使得學生的學習只在應付考試，考完了，其使用價值便歸零。

因此，系統性可說是語法教學的第一原則，能掌握語法的系統，學生才能觸類旁通；而建構一套具有系統性的教學語法，也是當務之急。

（二）整體性

進行語法教學時要重視整體，不要只注意細節。

語法既是分析、歸納語文構詞、造句所得的種種規律，在語法教學時，不可避免的，要從事語句分析的工作。但我們在前面介紹教學語法具有簡明的特點時，已提及分析只是手段，透過分析，讓學生掌握構詞、造句的相關規律，有助於他的語文學習；但是分析並不是最終的目的。教學語法的目的在於：學生因為學習了語法，能完整掌握語句的語意，能正確無誤的使用語文進行表達。因此，枝枝節節的分析是不必要的。

以成語教學為例，教師在進行「車水馬龍」的成語教學時，除了說明成語的出處以及其使用意義之外，更重要的是這個成語該如何使用、可運用在何種情況。當然，如果學生能力允許，也可以透過分析

讓學生了解這個成語的內部結構，進一步掌握這種以四音節為主的成語，其內部的構造方式。「車水馬龍」這個成語內部的組成方式，是並列的，即「車水」與「馬龍」的並列，但並不是「車」、「水」、「馬」、「龍」的並列。四音節成語前後音節兩兩並列的組成方式，是四音節成語常見的組成方式之一；而「車」與「水」之間、「馬」與「龍」是一種譬喻的關係，它原是「車如流水，馬如游龍」的省略說法[5]；當然也可以再進一步引導學生探討：還有哪些四音節成語同樣是以這種前後兩兩並列的方式組成？甚至更進一步看看：四音節成語除了這種組成方式之外，還有什麼組成方式？這些問題的探討才能真正增進、提升學生的語文能力。至於組成「車水馬龍」的「車」、「水」、「馬」、「龍」它們在構成這個成語時分別是什麼詞性，就屬於枝節的問題了。因為學生即使知道「車」、「水」、「馬」、「龍」都是名詞，還是不能提升他們認識成語和使用成語的能力[6]。

（三）普遍性

　　與理論語法相較，教學語法是相對的穩定，「穩定」是教學語法的特質。所以教學語法體系雖不見得可以放諸四海皆準，但因為必須照顧到語言學習者的需要，因此最好在不同的語法理論體系中，異中求同，以免學習者在不同體系的轉換中造成負擔，甚至無所適從；另外，教學語法也是養成語言研究者的初階，所以也須注意語法研究的趨勢，希望能與理論語法以及華語文的語法教學接軌。

　　前已言及目前國內缺乏一個系統性的教學語法體系，所以在百家爭鳴的紛繁體系中，如何選取最適合於教學的語法系統，尤其在語法

5　《後漢書・卷十・皇后紀上・明德馬皇后紀》：「見外家問起居者，車如流水，馬如游龍。」本成語用以形容車馬絡繹不絕，繁華熱鬧的景象。

6　有關成語體現的語法現象與成語教學，請參見本書下編第五章。

術語方面，該如何採用一套具有普遍性的術語，更是刻不容緩的事。
例如：出現在名詞和代詞後頭，表示該名詞或代詞與後頭的名詞形成
領屬或具有形容作用的偏正關係的「之」與「的」，其詞性就有介
詞、助詞、連詞、關係詞四種不同的說法。

　　介詞說主要源自馬建忠[7]，尤其馬建忠的《文通》開我國語法理
論系統研究的先河，所以對後來的語法研究影響很大；民國八〇年代
以前，國中國文教科書大致都還沿用介詞的稱法。不過楊樹達的《馬
氏文通刊誤》卷七即指出馬建忠把這種「之」稱為介詞有矛盾之處，
因為馬建忠把出現在介詞前或後的名詞性成分稱為「司詞」[8]，所以
凡是像「於」、「與」、「以」、「為」等介詞出現在句子裡，均可指出其
「司詞」為何，而漢語介詞與司詞的語序，通常是介詞在前、司詞在
後；若遇到兩者的語序與此有異時，《文通》會作一些說明。但是馬
建忠並未說明介詞「之」的司詞究竟是什麼，例如「先王之道」裡
「之」的司詞究竟是「先王」，或是「道」？馬建忠並未指出來。楊
樹達認為「之」與「於」、「與」、「以」、「為」這種介詞不同，將
「之」視為介詞，在馬建忠自己的語法體系中，無法自圓其說。因
此，楊樹達認為這種「之」應稱為助詞或連詞較合理。楊樹達自己在
《詞詮》卷五中，將「之」歸入連詞，而在〈論「之」「的」二字之
詞性〉一文中則將「之」歸為助詞[9]。

　　近人的語法論著中，對「之」的詞性，也還是有不同的稱法，例

7　馬建忠（1845-1890），開我國語法理論系統研究的先河，他參考拉丁語法，寫成《文
　　通》一書，《文通》或稱《馬氏文通》，是我國第一部以描寫研究法寫成的語法著作，
　　書中將「詞」稱為「字」，將詞類分為：名字、動字、靜字、狀字、代字、介字、連
　　字、助字、嘆字九類，將「之」歸為介字。

8　「司詞」即「介詞賓語」，是介詞引進或介繫的成分。

9　此文見於楊樹達《詞詮》附錄，頁613-619，在該文中楊樹達主張將「之」歸為「助
　　詞」。連詞說見《詞詮》頁241-242。

如：周法高在《中國古代語法》裡將「之」歸為聯詞[10]；許世瑛則為避免介詞、連詞等爭議，將「之」視為「關係詞」[11]。

　　不過，如果考慮到教學語法的普遍性原則，那麼將「之」視為助詞應較適宜。一方面因為「之」尚有表示賓語前置的功能[12]，國內將具有這種語法功能的「之」均稱為助詞，因此將虛詞「之」統稱為「助詞」，再從助詞中分出不同的語法作用，有的可以表示賓語前置，有的表示領屬或修飾關係，有的僅作為結構間的助詞[13]，這樣應可減少學生在學習上的負擔；另一方面，在對外的華語文教學中，「之」為「助詞」的說法也相當普遍；而且，目前可見到的虛詞工具書，都將「之」以及在白話中語法功能與「之」相應的「的」視為助詞[14]。所以將「之」、「的」歸為助詞，是一個普遍性的說法。

　　經過前面的說明，相信大家應該很容易理解教學語法何以要照顧到「普遍性」了。因為顧及普遍性，可以減輕學習者的負擔，並減少學習者在莫衷一是中所產生的困擾；對於語言的教學者或研究者而言，也方便他們與相關的論著銜接，不至於產生扞格，甚至方便與對外華語教學接軌。

---

10 見《中國古代語法》造句編（上）頁52-53。

11 見《中國文法講話》頁32。

12 像《論語・為政》:「父母唯其疾之憂。」的「之」，就表示句中「憂」的賓語「其疾」前置。

13 這是指像:「人之有是四端也，猶其有四體也。」（《孟子・公孫丑》上）這種出現在主語、謂語之間的「之」，其作用通常是取消原本成句的句子的獨立性，使句子詞組化，成為另一個句子的成分，或成為一個不完整的句讀。

14 例如；段德森《實用古漢語虛詞》（山西教育出版社，1990）、陳霞村《古代漢語虛詞類解》（建宏出版社，1995）、曲阜師範大學編《現代漢語常用虛詞詞典》（浙江教育出版社，1992）、北大中文系語言班編《現代漢語虛詞例釋》（北京商務印書館，1996）等都是。

（四）實用性

　　教學語法具有實用性的特質，所以語法教學也應以實用為主。前面已經說過：只要對語文學習有益，能提高學生的閱讀能力、寫作能力的，就應該要講，而且要多講；對學生語文學習的作用與助益不大的，則少講或不講。老師在教學時，應盡可能直接從教科書範文裡的材料入手，用以分析、說明；萬一，範文裡的語料與學生的生活經驗有距離，教師則應從學生容易接觸到的文本、從學生日常生活中經常可見的用語尋找生活化的語法教學材料，以免學生所學與語言的實際應用脫節。

　　日常生活易接觸到的文本或用語，包括學生習見的優美文學作品、經常出現的廣告用語或熟悉的歌詞等，都是很好的材料。例如詩人余光中「星空，非常希臘」是極為膾炙人口的詩句[15]，「被雨淋濕的唐裝那股嘆息很東方」是周杰倫的歌詞，學生可能也不陌生[16]，其中的「希臘」、「東方」都是名詞活用為形容詞擔任描寫成分極好的例子[17]。另外，也可以從廣告用語、新聞標題等選取材料，不過廣告用語或新聞標題往往具有時效性，有時隔個三兩年就不流行，學生便覺得陌生，因此，老師必須時時補充，隨時更新自己的「語料庫」。

（五）銜接性

　　我國目前中學以前的教育，國語、國文課程中都需要處理跟語法有關的問題。當然，不同的學習階段，語法教學的內容也不全然相

---

15 見於〈重上大度山〉一詩：「小葉和聰聰／撥開你長睫上重重的夜／就發現神話很守時／星空，非常希臘」。

16 見於〈雙刀〉，方文山作詞。

17 「非常」、「很」是程度副詞，程度副詞主要修飾形容詞。這兩例，程度副詞都分別出現在名詞之前，所以「希臘」、「東方」都活用為形容詞，擔任描寫成分。

同，但必須注意到由淺而深，而且不能忽略不同學習階段語法教學的銜接。

　　這裡所謂的「銜接」，一方面指的是難易程度的銜接：取用的語料應由淺入深，由易而難；而且在剛開始的學習階段，要先架構起語法體系的綱領或簡要的網絡，到往後的學習階段，慢慢加深、加廣，這樣可以避免重複學習造成學習時間、學習資源的浪費。另一方面，還指的是：語法體系之間的銜接，學習階段雖然不同，語法體系仍應一貫，至少在國民義務教育階段的語法教學，應該使用同一個語法系統、同一套語法術語，學生學習起來才方便，否則將無所適從，影響所及，可能視語法學習為畏途。

（六）趣味性

　　語法教學往往給人很刻板的印象，認為總是在「字斟句酌」，因此有不少人在語文的學習過程中，對語法教學留下不好的學習經驗，因為老師老愛考某個字是什麼詞性，某一句話是什麼句型，而中文偏偏又不像英文詞類的標記那麼明顯，所以經常要死記、死背。其實語法的學習，最重要的目的是解決學生閱讀理解與寫作等方面的問題，如果用以說明的語料不只如前文所言，具有實用性、生活化，而且還具趣味性，那麼勢必不會留下不愉快的學習經驗。

　　例如：年輕朋友常喜歡說：「遜／熱／糗／累／髒斃了」、「美／帥呆了」、「擠／笑／熱／點／扯／刷爆了」。這些語句的內部結構，都只是一個中心成分加上「斃」、「呆」或「爆」，並且在句末加上語氣助詞「了」。這些青少年的習慣用語，既可以作為介紹語句成分省略的材料，又可作為介紹補充短語的材料。當說這些話時，我們很容易掌握究竟是誰、什麼事物或什麼地方「遜／熱／糗／累／髒斃了」、「美／帥呆了」、「擠／笑／熱／扯／點／刷爆了」，因為在適當的語

境中，我們知道它們的主語都省略了；而這些語料也是介紹補充短語很好的材料，這幾個語句裡的補充成分，主要在補充說明前面的中心成分到了極點或極致，或是在說明前面的中心成分造成何種可能或結果，「遜／熱／糗／累／髒」、「美／帥」、「擠／笑／熱／點／扯／刷」等是中心成分，「斃」、「呆」或「爆」就是補充成分或稱補語[18]。

二　語法教學可運用的方法

在掌握上述的原則之後，實際進行語法教學時，可以演繹、歸納、類比論證、對比、啟發等教學方法進行語法教學[19]。

（一）演繹法

演繹法（deductive）是一種推理方法，主要用於由一般性推演出特殊性的推斷，邏輯的三段論法就屬這種方法。

演繹法的論題由大前提、小前提和結論組成，結論是從大前提和小前提推斷出來的。大前提是一個一般性的原則，小前提是一個特殊陳述；在邏輯上，應用大前提於小前提之上可以得到結論。例如：

---

18 「斃」出現在「遜、熱、糗、累、髒」後頭，與「髒死了」的「死」的作用相似，都補充說明中心成分程度的極致；「美、帥」後頭接「呆」其作用與「斃」相同，「擠、笑、熱、扯」後頭接「爆」，其作用亦相似，都表示中心成分到了極點；以上這些例子的「斃、呆、爆」原本的詞彙意義已經語法化或虛化成類似表示程度的極致的副詞。至於「點、刷」後頭出現「爆」，則表示網站的「點閱率」點到爆、「刷卡」刷到爆，代表的是前面的動作所造成的可能或結果。

19 以下主要參考蔣可心（2001：138-141）；楊如雪（1996：120-126）；林玉体（2009：157-165、266-281）；鄔昆如等（1993：51-76、102-123）；楊樹森（2001：232-253）；黎布蘭著、劉福增譯（2001：195-212）等。本文以下之敘述，已兼融上述各家說法，故不再一一標明參考出處。

如果所有人都是必死的，

並且所有希臘人都是人，

那麼所有希臘人都是必死的。

「如果所有人都是必死的」這是「大前提」，是一般性的原則；「所有希臘人都是人」是「小前提」，是特殊陳述；將大前提應用到小前提之上，得到「所有希臘人都是必死的」這個「結論」。這是亞里斯多德經典的「Barbara」三段論。

把演繹法應用到語法教學時，可先提出「定義」，「定義」相當於大前提；再舉例，所舉的例子就類似小前提；最後演繹出結論。例如：

所有可被程度副詞修飾、具有比較級和最高級的詞都是形容詞。

很 { 好／直／平／髒／亂／漂亮／強壯／安全／守法……}，

{ 　} 中的詞都可以被程度副詞修飾[20]，也都有比較級和最高級。

所以在 { 　} 中的詞都是形容詞。

形容詞的重要特性就是「可以被程度副詞修飾」[21]，可以進行比較，具有比較級和最高級。例如：很好、非常直，比較平、較髒亂，最漂亮、最安全等，利用這些特性，我們作成「所有可被程度副詞修飾、具有比較級和最高級的都是形容詞」這個定義，這是大前提；「很」是程度副詞，「好」、「直」、「平」、「髒」、「亂」、「漂亮」、「強壯」、「安全」、「守法」等都可以被「很」或其他程度副詞修飾，也都

20　{ 　} 表示其中的項目必須（但只能）選其一。

21　程度副詞除了修飾形容詞之外，還可以修飾像「愛、恨、飢、累」等表示心理感受的動詞。

有比較級和最高級,這是特殊陳述,是小前提;因此應用大前提於小前提之上,即可以得到結論:「好」、「直」、「平」、「髒」、「亂」、「漂亮」、「強壯」、「安全」、「守法」等都是形容詞。換句話說,不能被程度副詞修飾的,自然就不是形容詞了[22]。

利用這個方法,可以教導學生對形容詞進行檢驗,符合上述特質的是形容詞,否則就不是。過去有些人認為只要能出現在名詞前面的成分都是形容詞,像:「說了這一大堆,還是那句老話:『你自己決定吧!』」(劉墉〈你自己決定吧〉)裡的「這」、「那」,就有老師認為是形容詞,如果能透過上述演繹的方式進行檢驗,很容易就會發現「這」、「那」根本不符合形容詞的定義,就不會將它們誤認為形容詞了。

(二)歸納法

歸納法(inductive)與演繹相反,演繹法是從一般性的原則推出結論,而歸納法是藉由許多實驗結果、對現象大量觀察等方式,取得足夠的「現象」或「樣本」,然後根據這群實驗或現象中的共同元素,得出一個「推論的結果」,也就是從特殊性推出一般性。這種邏輯推論的方式是基於對特殊的代表(token)作有限觀察,把性質或關係歸結到類型;或基於對反覆再現的現象的模式(pattern)進行有限觀察,以公式表達出規律。例如:我們可以透過實驗或觀察取得一組現象,分析出這組現象中的共同元素,然後根據這組共同元素做出推論,並以更多現象印證這個推論。

下面「冰是冷的」這個命題就是運用歸納法得到的:

---

22 前面我們介紹教學語法的原則時,曾舉余光中「星空,非常希臘」、周杰倫「被雨淋濕的唐裝那股嘆息很東方」這兩個例子,「希臘」、「東方」是名詞,卻可被程度副詞「非常」、「很」修飾,所以具有形容詞的用法,是名詞活用為形容詞的例子。

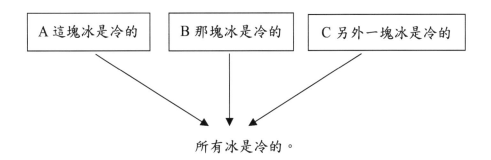

A 這塊冰是冷的　　B 那塊冰是冷的　　C 另外一塊冰是冷的

所有冰是冷的。

　　我們有一組「A、B、C」「這些冰是冷的」這種現象，這組現象的共同特徵是：「冰」與「冷」；所以我們可以推斷出普遍的命題：「所有冰都是冷的」。不過因為運用歸納法之前並沒有原則或規律，所以得出原則或規律後必須經過其他同樣現象的印證，才能夠確定這個歸納的結果是否正確。萬一忽略了這一步驟，會產生很多似是而非的歸納結果。

　　歸納法應用到語法教學中，可以先舉例，再根據例子總結其中的語法規律；運用這種方法時，所舉的例子非常重要，必須具備「有效性」和「普遍化」，亦即例子是全面且具有代表性的。很多語法規律可從語言的實際用例或實際操作中歸納出來，例如：可以透過「積詞成句」的活動設計[23]，歸納出名詞、動詞、形容詞等實詞在語句中經常且主要的出現環境位置，這種詞類經常的、主要的出現位置，就是它們所能擔任的語句成分。

（三）類比論證法

　　類比論證法（argument from analogy）是一種推論的方式，也是一種系統化的定性比較法，其基底的原理是：類似的情況應以類似的

---

23 「積詞成句」的活動設計，請參見本書下編第二章第一節的敘述。

方法處理。它的構想是：把要預測的技術與相似或相關的早期技術進行比較，以作推論。也就是據兩個或兩類事物之間的某些相似點，以推出它們在別的方面也相似。這是從個別到個別，從一般到一般的推論方式。當我們發現 A 與 B 之間的關係，而且發現 A、B 之間的某些關係類似 X 與 Y 之間的關係；這時如果知道 A 跟 B 還在其他幾個方面也有關聯，那麼就能預測或許可在 X 和 Y 之間也能尋找到類似的聯繫。例如：電腦會運算，人也會運算，兩者都會運算，所以電腦和人類似。人會有情緒方面的問題，電腦既然與人類似，因此電腦也有情緒方面的問題[24]。

類比論證之中，有一個「主要主項」（primary subject），結論就是要針對它提供新的「情況」，在前述的例子中是「電腦」；有一個「類比項」（analogue），是拿來與主要主項相比較的事物，即前述例子裡之「人」；有一個類似點（similarities），即主要主項與類比項可以比較的事項，在前述例子裡是「會運算」；最後有一個「標的性質」（target property），就是結論，針對主要主項提供的新訊息或性質，在前述例子裡是「有情緒方面的問題」。

物件之間的共同點是類比法是否能夠施行的前提條件，沒有共同點的物件之間是無法進行類比推理的。因此只要兩者的背景與性質近似，即適合利用類比推論法進行比較。

類比推論法應用在語法教學上，可以處理如：「洗澡」、「見面」、「結婚」、「說謊」、「幫忙」等多數由述賓形式組成的離合式動詞，不宜帶賓語的問題[25]。

---

24 當然這是一個不當的類比推論，不能成立，但我們目的只在利用這個例子來說明推論過程。

25 「離合詞」是現代漢語中一種特殊的語法現象，其語素（morpheme）可以分開來，中間插入其他成分，構成一個述賓形式的短語結構（即「離」），也可以將兩語素

　　因為述賓式離合動詞與述賓短語（或稱「動賓短語」）的內部結構相似，都是動詞性的單位在前，名詞性的單位在後，述賓短語像：「吃飯／藥」、「喝茶／酒」、「洗菜／衣服」，在它們的後頭不再帶賓語。而述賓式離合動詞，其內部構造是由一個動詞性的語素加上一個名詞性的語素組成，例如：「洗澡」、「見面」、「結婚」、「說謊」、「鼓掌」、「罷工」、「開幕」、「報名」、「理髮」、「生氣」、「告狀」等，前頭的語素都是動詞性質，後頭的語素都是名詞性質，內部結構與述賓短語類似，這些述賓式離合動詞在它們的後頭不宜再有賓語，因此不能有「結婚她」、「報名你」、「生氣我」等組合形式，若要帶出一個跟該動詞有關的名詞性成分，則往往用介賓短語或插入定語的方式來完成，例如：「老李想跟她結婚」、「我要向誰報名」、「老師不再生我的氣了」。[26]

（四）對比教學法

　　對比教學法（contrast teaching method）是一種在第二語言教學時常用的教學法。對比教學主要透過第二語言（目的語言）與第一語言（母語）之間的比較，求其所同與所不同：相同的部分有利於學習的正向遷移，例如：英語跟漢語，肯定的陳述句主要都以「主語（S）＋述語（V）＋賓語（O）」的語序呈現，教學時只要簡單說明其間相同之處，學習者很容易就能掌握；至於相異之處，教學時宜充分說明

「合」起來成為一個詞使用（即「合」）。亦即它明明是一個詞，卻可「離」、可「合」，離則為短語結構，合則成詞。例如：「結婚」是一個複合詞，但可離析說成：「結不成婚了」、「結了三次婚」等。其內部結構形式是述賓式，前面的語素具動詞性質，後面的語素則是名詞性質。

26 「感恩」也是述賓式離合動詞，我們常聽到「感恩您」、「感恩大家」的說法，其實並不十分恰當。

兩語言之間的差異，並透過反覆練習，幫助學生熟悉，避免因第一語言的學習遷移造成偏誤。

文言和白話之間，有傳承，也有變革，就可利用其間的對比，引導學生從比較中掌握文言、白話的同與異，透過比較以掌握其間的規律與原則。例如我們前面介紹教學語法具有普遍性的原則時，提到「之」與「的」的詞性問題，其實在進行文言「之」的教學時，可以透過文言與白話的對比進行教學，我們從琦君的〈髻〉裡摘錄出來下面幾個白話的例子：

1. 一條又粗又長的辮子
2. 一個四四方方的額角
3. 半個光禿禿的頭頂
4. 一個螺絲似的尖髻兒
5. 樹皮似的頭頂
6. 我的五叔婆
7. 母親的肩膀
8. 她的皮膚
9. 她的臉容
10. 母親心中的愁緒

這些例子裡以「。」標示的「的」，例1至例5表示前後成分之間具有修飾關係，例6至例10表示前後兩者之間具有領屬關係。如果我們將它們與下面這些以「‧」標示的「之」的短語進行比較：

11. 孫、吳之略（劉基〈賣柑者言〉）
12. 黔婁之妻（陶潛〈五柳先生傳〉）

13. 余之三友（李慈銘〈越縵堂日記〉）

14. 汝之書（袁枚〈祭妹文〉）

15. 汝之女（袁枚〈祭妹文〉）

16. 永州之野（柳宗元〈捕蛇者說〉）

17. 干城之具（劉基〈賣柑者言〉）

18. 希世之珍（劉基〈工之僑得良桐〉）

19. 陵霄之姿（《世說新語‧言語》支公好鶴）

「之」在這些例子裡，例11至例16也表示領屬的關係，例17至例19則表示修飾與被修飾的關係。

這樣看來，文言虛詞的「之」與白話的「的」，其實在很多地方功能是一致的。但我們也不難發現兩者之間顯然還有不一樣的地方：

20. 無絲竹之亂耳，無案牘之勞形。（劉禹錫〈陋室銘〉）

21. 人之有是四端也，猶其有四體也。（《孟子‧公孫丑》上）

22. 孤之有孔明，猶魚之有水也。（《三國志‧諸葛亮傳》）

23. 吾資之昏，不逮人也。（彭端淑〈為學一首示子姪〉）

24. 雖我之死，有子存焉。（《列子‧湯問》）

25. 悍吏之來吾鄉，叫囂乎東西，隳突乎南北。（柳宗元〈捕蛇者說〉）

26. 父母唯其疾之憂。（《論語‧為政》）

27. 故凡國有事，唯鳥鳴之聽。（《郁離子‧千里馬》）

28. 當臣之臨河持竿，心無雜慮，唯魚之求。（《列子‧湯問》）

例20至例25「之」出現在主語和謂語之間，主要作用在取消句子

的獨立性[27]，或使其形式上詞組化，以便擔任句中的成分，像例20至例22；或是表示語意未完，使複句的上下文聯繫更為緊密，像例23至例25，以及例28前面「當臣之臨河持竿」的「之」；而例26、例27以及例28「唯魚之求」的「之」，則表示賓語前置。

例20至例28裡「之」的用法，在口語中未見，是文言的特色。相信經過這樣比較之後，不見得要知道其詞性為何，卻很自然就可以掌握「之」在文言裡的用法。

（五）啟發式教學法

啟發式教學法（heuristics）是以學生的經驗為基礎，所以教師利用這種教學法進行語法教學時，應先清楚學生在語法方面既有的學習背景，學生已具有哪些先備知識。在學生過去的基礎上，教師利用前面所介紹的各種教學方法，以提出問題的方式進行，並引導學生自己發現問題，解決問題，以推出語法規律與原則，使學生運用思考去分析、批判，或進行演繹、歸納、類比、對比等，以解決語法方面的問題。

運用啟發式教學法進行語法教學，是以學生為主體，但教師必須給予適當的引導，所以教師對語法教材本身不僅要了解得透澈，還要能清楚的掌握其中的深淺、難易，以及重要的學習點和整體的脈絡，以免挂一漏萬；另外教師要能把相關的「語法知識」轉化為學生的具體知識，再進一步把學生的具體知識轉化為「語法能力」。

能善用啟發式教學法，學生經過歸納、演繹等過程，並進行獨立的分析、批判，有利於了解較複雜的語法知識、原理、原則，時間上

---

27 主語和謂語一般組合在一起多可成句，例如例21至25的成分：絲竹亂耳、案牘勞形、孤有孔明、吾貲昏、悍吏來吾鄉，均能成句。

也比較經濟，因為學生可以觸類旁通、舉一反三。在啟發式教學法之下，學生的經驗與能力逐漸擴展，而且思考將更為靈活。

不過無可避免的，啟發式教學法仍有其缺點，例如：這種教學法以教師為中心，學生處於較被動地位；這種教學法以教材為中心，常易忽略學生的興趣和需要。所以運用此教學法進行語法教學時，教師應盡量考慮學生的需要，選取學生有興趣的教材，並注意培養學生自動自發的學習精神。

本節主要介紹的是語法教學時的一些基本原則與方法，至於這些原則與方法的落實與應用，請參見本書下編有關詞類教學、句型教學等相關章節的介紹。

第二章
漢語語法的特點

　　我們常以「中文」來稱現在使用的語言，中文在語言的譜系分類上，屬於哪種語言？當有外籍朋友問我們：「中文有什麼特點」時，我們該如何回答？一個語言要如何歸納出它的「特點」？語言的特點透過什麼方式體現出來？漢語在語法方面又有哪些特點？這些問題，我們將在本章一一解答。

第一節　漢語、現代漢語、共同語、方言

　　我們現在使用的語言，在世界語言的分類上，屬於漢藏語系（Sino-Tibetan family）。漢藏語系以漢語和藏語為代表，主要通行於亞洲，是一個有親屬關係的語言群[1]。漢藏語系中使用人口最多的語族是漢語族，漢語族包括漢語的各方言[2]。

1　「語系」是歷史比較語言學的用語，學者把具有共同來源的親屬語言歸納成同一個
　　語系，是語言的最大分類。每個語系包含由不復存在的共同始祖語繁衍出來的一些
　　語言。同一語系各成員在最古老的表示基本概念的詞和基本語法結構方面，都有對
　　應關係。語系下可再分為語族，語族下還可再分為語支。漢藏語系之下，傳統區分
　　為漢、藏緬、僮侗、苗傜四個語族；漢語之下不再分語支，直接區分為方言。

2　方言是語言因地域方面的差別而形成的變體，也有學者將同一地區，因其成員職
　　業、社會階層、年齡、性別、文化教養等方面的社會差異而形成的語言變體稱為方
　　言，後者這種語言的社會變體稱為「社會方言」，在此指前者。漢語的方言是漢民
　　族在不同地域上的分支。依據歷史比較語言學的研究方法，學者根據漢語方言的特
　　點，聯繫方言形成和發展的歷史，以及目前方言調查的結果，對現代漢語的方言進
　　行劃分。學界對現代漢語方言劃分的意見雖未完全一致，但大多數人的意見認為現
　　代漢語至少有七大方言：1.官話方言（即北方方言）、2.吳方言、3.客家方言、4.閩

　　漢語是漢民族使用的語言，由於漢民族的發展源遠流長，所以使用的語言從古至今，有很大的演變。為了有別於古代的漢語，我們稱現代所使用的漢語為現代漢語。

　　廣義的現代漢語包括現代漢語的各種方言，即不同地區的漢族人所使用的語言，這些語言都是漢語，只是在語音、詞彙、語法等方面存在著一定的差異。在現代漢語的各方言中，跟臺灣地區關係比較密切，或是臺灣民眾比較熟悉的是閩方言、客家方言和粵方言，粵方言也就是廣東話或廣州話。使用人口佔臺灣總人口約百分之七十的閩南方言，是閩方言的一支；客家方言，在臺灣地區也有相當的使用人口。

　　與方言相對的是「共同語」，也稱「通語」或「共通語」。所謂「共同語」與「方言」的差異，在文獻資料中，有些記載其實早就顯示古人已有這方面的意識，「子所雅言，詩、書、執禮，皆雅言也。」（《論語‧述而》）從這個記載，不難想像春秋時期各諸侯國之間語言不能統一，孔子在讀《詩》、讀《書》、行禮的時候，都用當時通行的語言[3]。到了西漢時代的揚雄更以類似現代田野調查的方式，對於一些詞彙或概念進行調查、記錄，完成《輶軒使者絕代語釋別國方言》（簡稱《方言》）一書。他在《方言》卷一裡說：

> 憮、㤿、憐、牟：愛也。韓、鄭曰憮；晉、衛曰㤿；汝潁之間
> 曰憐；宋、魯之間曰牟，或曰憐。憐，通語也。

　　方言、5. 粵方言、6. 湘方言、7. 贛方言；另外，也有主張要從官話方言中分出晉語、平話，在吳語中分出徽語。

3　參見楊伯峻《論語譯注》（1987：76）。此說自清代學者劉台拱、劉寶楠叔侄提出以後，很多學者對「雅言」即採取這種說法。不過李中生（2003：78-80）綜合宋代理學家程顥、程頤兄弟以及朱熹等認為「雅言」乃「雅素之言」的說法，認為「雅素」有「日常」之意，「雅言」是「素常的話」。因此主張本章的意思是：「孔子雅素之言，止於詩、書、執禮。」因為《詩》以理情性，《書》以道政事，禮以謹節文，皆切於日用之實，故常言之。

　　嫁、逝、徂、適，往也。自家而出謂之嫁，由女而出為嫁也。
　　逝，秦、晉語也。徂，齊語也。適，宋、魯語也。往，凡語也。[4]

　　從這兩小段文字中，不難看出在揚雄的觀念裡，他認為當時的語
言，已經有「凡語、通語」跟分別通行於韓鄭，晉衛，汝穎之間、秦
晉，齊，宋魯等地語言的對立現象；換句話說，在他的認知裡，明顯
的已經有了「共通語」和「方言」（區域性語言）的差異。雖然這些
現象所反映的，有些是使用詞彙的差異，並非全然由於語音差異的
關係。

　　至於狹義的現代漢語則是指「以北京現代語音系統為標準音，以
北方官話為基礎方言，以典範的現代白話文著作為語法規範的現代漢
民族共同語」[5]，在臺灣稱為「國語」，海外華人稱為「華語」，而在
中國則稱「普通話」。

　　接下來我們要以現代漢語的狹義定義為範圍，來探討漢語在語法
方面的特點。主要透過對比的方式，將漢語與英語進行簡單的比較，
分析其間的同與異，藉以彰顯漢語在語法方面的特色。

第二節　漢語與英語在語法方面的共通性

　　世界上各種語言的語法，既有共通性，也有特殊性。如何發現語
言之間的共性與殊性？較理想的方式是將兩個不同的語言進行比較，
求其所同與所不同。

　　例如：將甲語言與乙語言進行比較，有 A、B、C 三個相同點，

4　見《方言》頁3、頁8。
5　參考國立臺灣師範大學華語語音學編輯委員會編《華語語音學》及《百度百科》
　　（http://baike.baidu.com/view/273369.html?tp=6_11）對現代漢語的定義。

有 X、Y、Z 三個不同點，其中 X、Y 是甲語言所有、乙語言所無，而 Z 則是乙語言所有、甲語言所無。那麼，A、B、C 這三個相同點，自然是這兩種語言之間相通的地方；而 A、B、C 三點之中，也許其中的 A 可能是某些語言所具有的普遍性。至於所異者的 X、Y、Z 中，因為 X、Y 是甲語言所有、乙語言所無，X、Y 就是甲語言的特點；Z 是乙語言所有、甲語言所無，則 Z 自然就是乙語言的特點了。

漢語和英語是兩個分屬於不同語系的語言[6]，當我們把它們拿來進行比較時，可以發現其間還是有相同點：

（一）形容性的修飾語多數在被修飾語之前

漂亮的花（a beautiful flower）

有趣的故事（a fun story）

「漂亮」、「有趣」是修飾成分，分別修飾「花」、「故事」，都出現在被修飾語之前。

（二）一個名詞可以修飾另一個名詞

氣象局（Weather Bureau）

歷史老師（a history teacher）

電視臺（a television station）

「氣象」、「歷史」、「電視」本是名詞，可以出現在另一個名詞之前，但表示的不是領屬的關係[7]，而是對後頭的名詞進行修飾，名詞擔任這種非領屬性的修飾語，多數表示被修飾語的性質或類型。

6　漢語是漢藏語系的語言，英語則屬於印歐語系。

7　「A 的 B」若表領屬關係，指的是前面的 A 擁有後頭的 B。

（三）漢語典型句式的語序和英語相似

英語、漢語肯定的陳述句句型，多數是「主語＋述語＋賓語」（SVO）的語序關係[8]：

我讀了一篇好文章。（I read a good article.）
花落了。（The flowers fell.）

陳述句的主要語序是：動作的主事者或施動者（agent）出現在句首，稱「主語」；主事者或施動者所作的動作、行為動詞緊跟在後，稱「述語」；如果該述語是及物性的動詞，那麼動作所涉及的人、事、物或受動作影響的客體等大多數就出現在動詞後頭，稱「賓語」或「受詞」。例句裡的「我」、「花」都是主語；「讀」、「落」是述語；「讀」是及物動詞，所以後頭帶有賓語「一篇好文章」。跟在動詞後的「了」，在這兩句裡都表示動作或行為已然發生或完成的助詞。

根據前述的比較，以上這些性質，可說是英語和漢語的共性。

第三節　漢語語法的特點

不過，漢語跟英語比較起來，我們可以發現具有很多相異之處，我們把一些漢語所有、英語所無的相異之處，歸納出來，就可以說這些是漢語的特點了。我們進行比較、歸納後，整理出十項特點，以下分別為大家作介紹。

---

8 本書將由實詞所擔任的句子成分一律稱「語」，由主語所發出的動作、行為動詞稱「述語」，「述語」或稱「謂語」，但「謂語」在多數情況下，又指句子當中除了主語以外的成分，為避免「謂語」有廣、狹兩種不同的指涉，本書對主語發出的動作、行為動詞一概稱為「述語」；述語動詞涉及的人、事、物則稱賓語。

（一）漢語詞類較少外部的形態標誌

英語、俄語等印歐語系的語言，有豐富的形態變化[9]。一方面詞類和句子的成分之間存在著簡單的一一對應關係，另一方面，動詞每每因為時態（tense）、時制（aspect）的不同，會利用動貌標誌或利用詞彙本身內部語音的屈折來表示。

英語詞類和句子成分之間存在著簡單的一一對應關係，例如，動詞與述語對應，名詞與主語、賓語（受詞）對應，形容詞與定語對應，副詞與狀語對應等等。因此可以根據某個詞在句子當中所擔任的成分來判斷該詞的詞性；也可以從詞性上判斷出該詞在句中擔任的語句成分、所具有的語法功能。

另外，英文的動詞，會因不同的時態而有不同的動貌標誌，例如過去式與過去分詞要在動詞後頭分別加 -ed、-en 的後綴（suffix）；be 動詞後頭若帶一個現在分詞（動詞帶 -ing 的後綴），則表示動作正在進行；未來式則需要透過助動詞協助才能表示。有少部分的動詞則利用它本身內部語音的變化來表示不同的時態，例如 get、got、gotten 分別表示現在、過去和過去分詞，其中的現在式與過去式並非在字根之外加上後綴，而是利用讀音方面的改變來表現，也就是動詞可能因為時態的不同，而書寫形式和讀法變得不同。

---

9 語言類型學（language typology）中，依照語言的句法特點和構詞方式，把語言分為分析性語言（analytic language，又稱 isolating language，「孤立語」）與綜合性語言（synthetic language）兩類。分析性語言的主要特點是不利用詞綴構詞、不用屈折或形態變化（inflection，指像名詞的性 gender、數 number、格 case，動詞的時態 tense、時制 aspect 等）表達句法功能；綜合性語言，則常利用詞綴來構詞，同時也具有較為豐富的形態變化。不過這只是一種相對性質的參考，一種程度上有所不同的「相對」分類，事實上，絕對的分析性語言或綜合性語言並不存在。（謝國平，2004：169-174）

　　有時候，我們碰到一些不認識的英文單字，往往只要透過某些詞綴，便可掌握其詞性。例如英文單字如果可以加上 re- 這個前綴（prefix），大多表示字根是動詞，加上 re- 前綴以後大多也還是動詞；像：use 是動詞，reuse 還是動詞。至於前綴 un- 可以出現在動詞或形容詞的前面，而加上 un- 之後大多數詞性不變，少數加在動詞的過去分詞之後可以變成名詞；例如：動詞 lock，加上 un- 成為 unlock，還是動詞，plug 是動詞 unplug 還是動詞；形容詞 happy，加上 un- 成為 unhappy，還是形容詞；known 是 know 的過去分詞，加上 un- 成為 unknown 變成形容詞「未知的」，也可以是名詞「默默無聞的人」或「未知的事物」。至於帶有 -ful、-able 的後綴，則往往標示該詞的詞類為形容詞；而後綴 -ly 則主要出現在副詞後頭，是副詞頗為重要的標誌。

　　上述英語的這些前綴、後綴往往具有標示詞類的作用。

　　反觀漢語，就沒有這種詞類標誌，同時任何一個詞，在句子裡，不論居於何種句法位置，也不管語法功能為何，都是一種書寫形式、甚至同樣的讀法。漢語組詞成句主要靠語序和虛詞。以下用幾組例子作簡單的說明：

　　　1a. 出租汽車（指「出租一輛汽車」時是述賓短語）
　　　1b. 汽車出租（主謂短語）
　　　1c. 出租的汽車（偏正短語）

　　在第一組例子裡，動詞「出租」與名詞「汽車」的組合形式，可以是：動詞在前，名詞在後，構成述賓短語，也可以是名詞在前，動詞在後，構成主謂短語。1a 與1b 的不同，是由於語序的差異。動詞「出租」在前，名詞「汽車」在後，可構成述賓短語，但若在兩者之

間加上助詞「的」，則成為偏正短語，1a 與 1c 的差異則是因為加入了虛詞的關係。

    2a. 春節到了。
    2b. 我在臺北過春節。
    2c. 明天（是）春節。
    2d. 我在春節晚會上表演一個節目。

「春節」本是名詞，在第二組例子裡，或擔任主語（2a），或擔任賓語、斷語[10]（2b、2c），或擔任修飾語（2d），書寫的形式完全一樣，讀音也沒有不同。因此從外在形式上根本無法看出其格位的不同。

    3a. 我在春節晚會上表演一個節目。
    3b. 我想表演。
    3c. 表演是他的興趣。
    3d. 表演的時間太短了。

第三組例子的「表演」，常見的是動詞用法，擔任述語，像 3a，其餘的分別可以理解為擔任賓語（3b）、主語（3c）和修飾語（3d）。同樣的，它們在外在形式也無從區別。

至於形容詞，在漢語裡也不一定總是擔任修飾語，例如：

    4a. 你是個糊塗人。（修飾語，定語）
    4b. 老王糊塗，小王不糊塗。（描寫語，形容詞謂語，表語）

---

10 「斷語」是出現在判斷詞（繫詞）後的名詞性成分。

4c.糊塗有時很可怕。（主語）

4d.這件事千萬不要糊塗的蒙混過去。（狀語）

第四組例子，「糊塗」可以擔任定語（4a）、形容詞謂語（4b）、主語（4c）、狀語（4d）等。

（二）漢語構詞法和造句法的規則基本上相同

構詞法是指詞彙內部的組成方式，由兩個自由語素[11]組合成詞的方式叫複合法（Compounding），由複合法組合成的詞叫複合詞[12]。由兩個或兩個以上的詞或短語組合而成，還無法成為句子的稱為短語[13]。漢語複合詞的組合方式與短語的組成方式近似，主要有並列式、偏正式、主謂式、述賓式、狀心式、補充式，以下的說明，構詞法與造句法一起介紹，先說明的是構詞法，後說明的是造句法：

1 並列式

由並列的兩個語素組成的複合詞，叫並列式複合詞，例如：開

---

11 語素（morpheme），又譯為詞素或詞位、語位，是語言中音義結合的最小單位。最小指再分析就沒有任何意義，例如：「人格」由「人」、「格」組成，「滿意」由「滿」、「意」組成；而「葡萄」、「琵琶」分別由「葡萄」、「琵琶」所組成，這些組成成分分別都是「語素」。這裡的意義，可以指表示具體概念的意義，也指具有語法作用的意義：例如「子」讀上聲，組成「子孫」、「子女」時，是具有具體的概念，即詞彙意義；但讀輕聲時組成「孫子」、「梳子」、「刷子」時，就不具具體概念，只具有語法作用。不過，不論讀上聲或讀輕聲的「子」，都是一個語素。語素可以再分為自由語素與附著語素。自由語素是可以獨立而自由使用的語素，像前面提到的例子裡的「人」、「格」、「滿」、「意」、「孫」、「梳」、「刷」以及讀上聲的「子」，都是自由語素；至於讀輕聲的「子」則是與自由語素相對的附著語素。

12 複合詞又稱「合義複詞」。

13 短語又名「詞組」或「結構」。可以是詞與詞的組合，也可以是短語和短語的組合，不過組合之後還無法成句，或僅擔任單句裡的某一個成分。

關、行走、朋友、皮膚、國家、友誼、學習、優秀、美麗等。

　　由並列的兩個或兩個以上的詞或短語組合而成的短語,叫並列短語,例如:酸辣、笑鬧、父母兄弟、國家社會、老師同學、兄弟姊妹、眼耳鼻舌身、滿天的珍珠和一枚又大又亮的銀幣等。

2 偏正式

　　由具有修飾與被修飾關係的兩個語素組成的複合詞[14],叫偏正式複合詞,例如:教室、電燈、書架、學生、公園、西瓜、印表機、鉛筆盒、反式脂肪等。

　　由具有修飾與被修飾關係的兩個詞組成的短語,叫偏正短語,例如:好人、壞天氣、漂亮的花朵、宏觀的想法、我的朋友、張三的禮物等。

3 主謂式

　　由在前的名詞性語素和後頭的動詞性語素或形容詞性語素構成,兩個語素像句子的主語和謂語般,但緊密結合在一起,組合成複合詞,叫主謂式複合詞,例如:地震、日蝕、冬至、民主、眼紅、膽怯、心急、汐止等。

　　前面的名詞與後頭的動詞或動詞性成分組合在一起,或前面的名詞與後頭的形容詞或形容詞性成分組合在一起,像句子的主語和謂語般,但在使用時還無法獨立成句,是主謂短語,例如:看見「鳥飛」、我喜歡聽「蟲鳴」、「運氣好」很有用、棒球比賽最怕「天氣不好」、「皮膚水嫩」勝過化妝、這樣就「功德圓滿」了等。

---

14 這裡的修飾關係指的是由具有形容詞性質的成分修飾名詞性質的成分的狹義修飾關係,不包括副詞性質成分修飾動詞或形容詞性質的成分,後者在本書中稱為狀心式。

4 述賓式

　　複合詞的兩個語素，在前的是動詞性語素，在後的為名詞性語素，兩者緊密結合在一起組合成複合詞，稱為述賓式複合詞，例如：出家、鼓掌、革命、加油、司儀、得意、失望、吹牛、傷心、隔壁等。

　　前面的動詞與後頭的名詞像句子的述語和賓語般，動詞對名詞具有支配的關係，但在使用時還無法獨立成句，所構成的叫述賓短語，例如：洗車、喝酒、打棒球、搬弄是非、拿捏分寸、為人師表等。

5 狀心式

　　兩個語素，在前的是副詞性語素，在後的為動詞性語素或形容詞性語素，兩者緊密結合在一起組合成複合詞，稱為狀心式複合詞，例如：互助、瓦解、瓜分、鼎沸、何必、火紅、雪白、碧綠等。

　　前面的副詞性成分對後頭的動詞或形容詞性成分具有修飾、限制的作用，像句子的狀語和中心語般組合，但在使用時還無法獨立成句，這種組合形式叫狀心短語，例如：蛇行、很好看、不討厭、異想天開、豁然開朗、妄自菲薄、欣然同意等。

6 補充式

　　在後的語素對在前的動詞性語素或形容詞性語素作補充、說明，兩者緊密結合在一起組合成複合詞，稱為補充式複合詞，例如：說明、改良、革新、埋沒、提高、延長、白茫茫、綠油油、髒兮兮等。

　　在前的是中心成分，主要為動詞或形容詞，接受在後的成分補充、說明，補充說明的成分可以是動詞性質、形容詞性質或副詞性質，也可以是數量短語或介賓短語，有時候中心成分和補充成分之間還可以帶助詞「得」，這些成分像句子的中心語和補語般組合，但在

使用時還無法獨立成句，所構成的叫補充短語，例如：看過來、打三下、懶惰得很、嚴於律己、算及錙銖、繩之以法、醉得糊裡糊塗等。

（三）漢語往往把一句話裡最重要的成分放在句首

一般句子出現在句首的是施事，但漢語除了施事可以出現在句首外，還往往可以把句中最重要的成分置於句首，換句話說，相當於以句首的成分為「主題」，而利用其餘的成分來對句首成分作描寫或說明。所以出現在句首的，有可能是：

1. 晚飯我已經吃過了。（出現在句首的「晚飯」是前置賓語）
2. 張大華任何人都不相信。（這句話有兩種可能的語意：一是出現在句首的「張大華」是主語，指「張大華不相信任何人」；另一可能是出現在句首的「張大華」是前置的賓語，意思是「任何人都不相信張大華」）
3. 窗外下著細雨。（出現在句首的「窗外」是處所詞）
4. 唐朝有一個大詩人叫李白。（出現在句首的「唐朝」是時間詞）

（四）漢語的動詞本身不具時態的形態變化

我們前面已提到英語動詞的後綴有時是時態或動貌的外顯標記，亦即動詞可以透過附加詞綴的方式表示動貌的變化；另外有些動詞會以內部語音的屈折變化來表示時態的不同。至於漢語，動詞本身不具時態的詞綴或屈折變化，要表示時態或時制，常常需要透過時間詞、副詞或助詞，甚至上下文來表示。例如：

1. 他寫小說／他寫一篇小說。[15]（因為沒有時間詞、副詞或助詞等，所以在不同的上下文中，可能表示不同的時態）

2. 他（昨天／今天）寫（了）（一篇）小說。（已完成，以時間詞「昨天／今天」和助詞「了」表過去）

3. 他寫著（一篇）小說。（以助詞「著」表示正在進行）

4. 他正在寫小說。（以副詞「正在」擔任狀語，表示動作進行中）

5. 他正寫著小說。（以副詞狀語「正」和助詞「著」共同表示正在進行）

6. 你看，他寫了（一篇）小說。（以助詞「了」表示動作已完成，接近於過去完成式）

7. 他寫小說了。（以句末助詞「了」表示變化，不過動作完成與否不可知）

8. 他寫了（一篇）小說了。（以助詞「了」表示經驗，句末的「了」純粹表示語氣）

9. 他寫過（一篇）小說了。（以助詞「過」表示經驗）[16]

10. 等他寫了（一篇）小說再出國／等他寫完（一篇）小說再出國。（以助詞「了」或補語「完」表示完成，接近未來完成式）

---

15 「他寫小說」與「他寫一篇小說」在語意上並不相同，前者除了陳述主語做了什麼事之外，還可以用來說明一個人以寫小說為業，但後者則不行。例2以下，句中加或不加「一篇」對整句的語意也有影響，例如例2、例3加「一篇」，有強調的意味，表示的是該篇小說已完成，或正在寫；不加「一篇」，則例2可能只說明「寫小說」，例3則可能表示也許是一篇，也許數篇同時進行。以下各例就不再一一註明，請自行推敲、體會。

16 例7、例8、例9句末的「了」，或視為「語氣詞」，可表示情況發生了變化，還有成句、表達語氣的作用。（劉月華等2007：199-209）

11.他剛剛寫（過／了／完）一篇小說。（以時間副詞狀語「剛剛」和助詞「過」、「了」、補語「完」表示過去）

12.他曾經寫（過／了）（一篇）小說。（以時間副詞狀語「曾經」和助詞「過」、「了」表示經驗）

上面這些例子裡的主要動詞「寫」，不論出現在哪種時態中，都只是一個字形、一種讀法，要表示明確的時態，必須透過助詞、時間詞、副詞等來完成。

（五）漢語名詞與代詞的複數形式

英語第一人稱與第三人稱代詞的單、複數形式，完全不同，分別是：I→we，he／she→they。漢語三身代詞則以附加複數後綴「們」的方式來表示複數，例如：我們、你們、他們、咱們。

另外，漢語一般指人（或擬人）的名詞也可加「們」表示複數，像：孩子們、同學們、英雄們、蝴蝶們等[17]，這有點類似英語的複數後綴-s 或-es；但兩者之中又有一些差異：英語大多數的可數名詞表示多數時都要加複數後綴，不過漢語除了擬人用法以外，非屬人的名詞則往往單複數同形。

（六）漢語動詞和形容詞可以重疊

漢語的動詞和形容詞有不少是可以重疊的，動詞或形容詞重疊在英語裡是少有的。

單音節動詞重疊，例如：「走→走走」、「跳→跳跳」，第二個音節常變讀為輕聲；也可以在重疊的單音節動詞間加入「一」字，成為「走一走」、「跳一跳」，這時候重疊的那個音節就不讀輕聲。

---

17 蝴蝶們是將蝴蝶人格化的用法。

　　雙音節動詞採取 ABAB 的重疊方式，例如：「活動 → 活動活動」、「打掃 → 打掃打掃」，第二個音節和第四個音節可能讀得較輕。

　　動詞重疊，可以表現豐富的語意內容或情感色彩：

1. 昨天，我在家裡看看書，順便把那件事的來龍去脈理理。（對於已發生的事，表示該動作行為的時間不長或數量、次數少）

2. 這件事我說不好，請你來說說。（表示未發生或尚未完成的動作，或表示動作的嘗試性）

3. 我的書不見了，請你幫我找找。（表示動作的持續性）

4. 假日可以在家看看書、聽聽音樂，也可以外出活動活動筋骨，或拜訪拜訪老朋友。（表示經常性的或無確定時間的動作，沒有量少、次數少的意思，而是具有一種「輕鬆」、「隨便」或「隨興」的意味）

　　單音節形容詞重疊，例如：「濃 → 濃濃」、「薄 → 薄薄」、「直 → 直直」等，重疊之後聲調不會改變；雙音節形容詞大多以 AABB 的形式重疊，例如：「漂亮 → 漂漂亮亮」、「乾淨 → 乾乾淨淨」、「和氣 → 和和氣氣」等，第二和第四音節會讀得較輕；少數以 ABAB 或 A 裡 AB 的方式重疊，而且常在後頭加上「的」，像：「蠟黃 → 蠟黃蠟黃的」、「雪白 → 雪白雪白的」、「粉嫩 → 粉嫩粉嫩的」、「糊塗 → 糊裡糊塗」、「傻氣 → 傻裡傻氣」、「邋遢 → 邋裡邋遢」[18]等。

---

18 某一些可用AABB方式重疊的形容詞，也可以用ABAB的方式重疊，例如：「母親生日快到了，我要幫她買件漂漂亮亮的衣服，好讓她漂亮漂亮。」不過當以ABAB的方式重疊時，其實已具有動詞的性質，即作為動詞來使用了，像這裡的「漂亮漂亮」，指變得漂亮。

形容詞的重疊，若作為動詞的修飾語，可以表示程度的加深；如果作為名詞的修飾語，則描寫作用更強，甚至可能包含喜愛的感情色彩，例如：

> 5. 你重重打他一下，也許可以把他打醒。（作為動詞修飾語，表示程度加深）
>
> 6. 他穿著重重的灰大衣。（作為名詞的修飾語，描寫作用更強）
>
> 7. 柳葉眉底下一雙大大的眼睛。（名詞的修飾語，描寫作用更強，或者還包含有喜愛的感情色彩）
>
> 8. 他的嘴脣厚厚的，鼻子小小的。（擔任描寫語，描寫作用更強）
>
> 9. 大斜坡、深谷、北峰，以及從北峰傾斜東去的山嶺，都在薄薄的曙色風霧中時隱時現。（描寫作用更強）

（七）助詞是漢語特有的詞類

助詞是漢語特有的詞類，西方語言中少有跟它相當的詞類。助詞在漢語中，除了表示結構關係以外，還可以表示各種不同的語氣。

漢語除了在對話中以語調表示各種語氣外，最直接的，就是透過語氣助詞來表示，例如：在陳述句末尾利用「嗎」表示疑問（像例2）[19]；也可以在陳述句句末透過不同的語氣助詞，來表示不同的語氣，例如：「吧」可表示不確定或猜測（例3）；「呢」、「哩」表示讚嘆（例4）等：

---

19 這種疑問句屬於「是非問句」。

1. 他寫小說。（肯定陳述）
2. 他寫小說嗎？（疑問）
3. 他寫小說吧？／！（不確定或推測）
4. 他寫小說哩／呢！（讚嘆）

（八）漢語有豐富的量詞

漢語在稱數人、事物或動作的數量時，數詞後頭總是帶著量詞（classifier）。

有些量詞用於稱數名詞，屬於「名詞用量詞」，簡稱「名量詞」，像：一位老師、兩條狗、三張紙、四個漢堡、五隻鸚鵡、六本書、七件事、八輛汽車、九頭牛、十束玫瑰花等。

用來稱數動作的是「動詞用量詞」，簡稱「動量詞」，例如：敲一下、走失兩回、去了三趟、講了五次、看了八遍等。

（九）漢語允許沒有主語的句子，而且在不影響語意的表達之下，主語常省略。

漢語有些動詞，無法明確的找出主語；可是在英語裡，需要為它在形式上補出一個主語，例如：

1. It rains.
2. There are five students in this classroom.

但是漢語就只說：

3. 下雨了。
4. 教室裡有五名學生／有五名學生在教室裡。

像這種表示天候現象或表示存在的句子，漢語不必要有主語，「教室裡有五名學生」，表面上看起來，「教室裡」好像是主語，事實上只是處所性質的成分。

另外，漢語在敘述事件的一連串發展時，主語也可以承上文或因下文而省略：

> 5. 這時，母親才舒一口氣，輕輕捶幾下舉酸了的雙臂；然後，著手收拾攤開在梳妝臺上的各種梳櫛用具。（林文月〈給母親梳頭髮〉）
>
> 6. 回想這些年，父親教我寫字，卻不督促我勤練；教我弈棋，卻不鼓勵我晉段；教我廚藝，卻不准我拜師……（徐國能〈刀工〉）
>
> 7. 洗過溫泉，換上乾爽衣服，我們依然說笑打鬧，在木板迴廊上追逐嬉戲，整座小木屋被我們踩得碰碰響。（李潼〈瑞穗的靜夜〉）

例5「著手收拾攤開在梳妝臺上的各種梳櫛用具」的主語是承前的「母親」。例6「回想這些年」的主語是作者自己，沒有寫出；「教我弈棋，卻不鼓勵我晉段」、「教我廚藝，卻不准我拜師」的主語是承「父親教我寫字，卻不督促我勤練」的「父親」。例7「洗過溫泉」、「換上乾爽衣服」的主語則是在下文出現的「我們」。這些例子在句中未出現主語，但並不影響語意。

（十）漢語有雙音節化或多音節化的趨勢

古代漢語基本上以單音節為主，但是現代漢語則有明顯的雙音節化或多音節化的趨勢。漢語主要透過衍生、複合與重疊的方式，將單音節詞複音節化。

1 衍生法

　　衍生法（Derivation），是在自由語素之上附加附著語素來構詞的方式。自由語素具有詞彙意義，往往是該詞彙的意義所在；附著語素一般較缺乏具體的詞彙意義，但往往具有語法功能，叫做詞綴。這種構詞方式也叫附加式或派生式，用這種方式構成的詞稱為附加式合成詞或派生詞。

　　漢語的詞綴為數不多，例如：「阿」、「老」、「第」、「初」、「小」等前綴，「然」、「爾」、「其」、「麼」、「巴」、「兒」[20]、「子」、「頭」等後綴；也有一些受外來語影響，近代才產生的詞綴，像：「泛」、「前」、「後」、「再」（前綴）、「者」、「家」、「性」、「化」、「主義」（後綴）等。

　　附加前綴的附加式合成詞，例如：阿信、阿姨、老鼠、第五、初一、小張、泛藍、前夫、後現代等；附加後綴的附加式合成詞，例如：欣然、莞爾、尤其、怎麼、結巴、花兒、桃兒、橘子、梳子、石頭、讀者、舞者、畫家、音樂家、毒性、彈性、美化、綠化、工業化、英雄主義等。

2 複合法

　　由兩個自由語素以意義複合的方式，組合成詞的是複合法（Compounding）。由複合法組合成的詞叫複合詞。漢語複合詞的組合方式與短語的組成方式頗為近似，主要有：

---

20 「兒化韻」的「兒」本應作「儿」，書寫時字形略小於漢字，緊貼在漢字之後；印刷排版時為了方便，往往作「兒」。

（1）並列式

像：開關、行走、皮膚、國家、友誼、學習、優秀、美麗、切磋、窗戶等，分別是以語素兩兩並列的方式組合成詞，這種組成方式組成的詞稱「並列式複合詞」。

（2）偏正式

像：教室、電燈、書架、學生、公園、西瓜、商機、禮盒等，分別由兩個語素以「修飾＋被修飾」的方式組合成詞，這種組成方式組成的詞稱「偏正式複合詞」。

（3）主謂式

像：地震、日蝕、冬至、民主、眼紅、膽怯、心急等，分別由兩語素以近似句子主語和謂語的方式組合成詞，這種組成方式組成的詞稱「主謂式複合詞」。

（4）述賓式

例如：出家、鼓掌、革命、加油、司儀、得意、失望等，分別由兩語素以近似述語和賓語的方式組合成詞，這種組成方式組成的詞稱「述賓式複合詞」。

（5）狀心式

像：互助、火紅、雪白、碧綠、瓦解、瓜分、鼎沸等，分別由兩語素以近似狀語和中心語的方式組合成詞，這種組成方式組成的詞稱「狀心式複合詞」。

（6）補充式

例如：說明、改良、革新、埋沒、延長等，分別由兩語素以近似中心語和補語的方式組合成詞，這種組成方式組成的詞稱「補充式複合詞」。

3　重疊法

漢語有些單音節詞，在使用時往往加以重疊，例如：我們可說「微亮」，但我們通常不說「微發亮」，要說成「微微發亮」；可說「白來了一趟」，但也可以說「白白來了一趟」；尤其多數單音節形容詞如果不重疊，較少擔任謂語中心成分，但重疊之後加上「的」就可以直接擔任謂語中心成分，試比較下列各句：

1. ？小璐的臉紅。
2. ？小璐的臉紅的。
3. 小璐的臉很紅。[21]
4. 小璐的臉紅紅的。
5. 小璐的臉紅，小傑的臉不紅。[22]
6. ？小璐的臉紅的，小傑的臉不紅。
7. 小璐的臉紅紅的，小傑的臉不紅。

漢語在語法方面具有上述的主要特點，因此在國文教學時，應引導學生掌握這些特點，讓學生充分掌握漢語的重要特點。

---

21 單音節形容詞常加上程度副詞後擔任謂語。
22 只有在這種具有比較性質時，單音節形容詞擔任謂語中心成分顯得較自然。

第三章
詞類概述

　　在看到本章篇名的時候，我們可能不免要問：對於一個以漢語或中文為母語的使用者而言，「詞類」的概念不就是我們「語言能力」的一部分嗎？那我們還要掌握或了解詞類嗎？其實，這一章是要為「詞類」作一些概念的釐清和理論的整理，為下編介紹「詞類教學」的活動設計時，提供相關的理論依據。詞類教學雖然還不是本章的介紹重點，但是，我們如果能對認識詞類的必要性有充分的了解，那麼在閱讀本章時，應會更容易掌握到其中的要點。因此，以下擬先從何謂詞類與認識詞類的必要性談起，其次說明如何區分詞類，並簡單對漢語的詞進行分類與介紹。

第一節　何謂詞類與認識詞類的必要性

一　何謂詞類

　　詞類是根據詞的語法功能或特點，歸納出來的類別。一般常以「詞的詞彙意義或語法作用」作為區分詞類的依據，例如：把人、事、物的名稱以及學術上所創造的名稱，稱為「名詞」，稱可以表示人、事、物的行為、動作、存在或發展的狀況、類屬的關係等現象的詞為「動詞」，將表示人、事、物的性質、狀態的詞叫做「形容詞」。依上述的定義，「父母」用來稱「人」，是名詞；「偉大」是一種「性狀」，屬形容詞；形容詞與名詞在語文中的語序是：名詞可以被形容

詞描寫,所以可以是「父母(很)偉大」;形容詞也可以修飾名詞,因此也可以說「偉大的父母」。不過一旦出現「父母的偉大無人能及」時,「父母的偉大」中,何者是形容詞、哪一個才是名詞?這種問題相信一定困擾不少人。

這是因為漢語本身較少型態的標記,也就是漢語不像英文有很多可以辨別詞類的記號──「詞綴」;同時在實際的語文中,漢語有不少的詞會有轉品(或稱詞類活用)的現象,亦即某個詞因為語境的關係,臨時有了它所屬的那個詞類本來不具有的用法,這便加深了判斷一個詞屬於何種詞類的困難度[1]。

二 認識詞類的必要性

能辨識詞類,是一個母語使用者語言能力的一部分,也是語文教學最基礎的部分。不過前已提及漢語的詞類辨識有相當的難度,但是實際的國語文教學中,學生又必須具有這方面的能力。例如:教師在範文教學進行課文讀講時,常常需要利用詞類的相關知識,進行字詞意義的疏通與解釋;尤其深究與鑑賞的活動,遇到某些篇章的語句,有時更必須透過詞類的相關知識,從詞類活用的視角切入,才能引導學生體會文章的意涵與遣詞、用字的精妙與美感。例如:

1. 假舟楫者,非能水也,而絕江河。(荀子〈勸學〉)
2. 驢不勝怒,蹄之。(柳宗元〈黔之驢〉)

---

1 這種情況,連前輩學者也認為有困擾,例如高名凱就指出:劃分詞的標準是詞的語法意義、句法功能和形態三者,這三者而且是三位一體的。拿這標準來衡量漢語的實詞,就很難使我們承認漢語的實詞有詞類的分別。(高名凱1986:77)

　　3. 於是金谿之邑人以為奇，稍稍賓客其父，或以錢幣乞之。
　　　（王安石〈傷仲永〉）

　　4. 這鵝的舊主人姓夏名宗禹，現在與我鄰居著。（豐子愷〈沙
　　　坪小屋的鵝〉）

例句中，「水」、「蹄」、「賓客」、「鄰居」本都是名詞，可是在這幾個
例子裡都作動詞用。教師在處理上述篇章的課文讀講時，自然需要帶
出「名詞活用或轉品為動詞」、「名詞擔任句子裡的述語」這樣的觀
念；尤其在綜合活動裡，進行全文鑑賞時，教師勢必也會說明這幾個
名詞在這些文句裡的作用，由於這些名詞分別活用為句中的述語，一
方面使文章簡潔，另一方面又能具體而形象化的呈現出作者的意思。
試想：如果學生完全沒有詞類的概念，在這些例句中，又如何能說清
楚名詞作動詞用？如果學生不具有詞類的基本知識，又如何能體會作
者為文時遣詞、用字的巧思？
　　所以認識詞類很基礎，也非常必要，認識詞類可說是掌握一個語
言語法體系的初階。

第二節　詞類區分的依據與漢語詞類的分類

一　詞類區分的依據

　　前面我們曾經提到：一般常以「詞的詞彙意義或語法作用」作為
區分詞類的依據，可是我們的語言偏偏又較少像西方語言的型態標
誌，所以區分詞類時究竟該依據什麼客觀的原則呢？
　　瑞士語言學家索緒爾（Ferdinand de Saussure, 1857-1913）認為：
語言的單位在話語中，是建立在兩種基本關係──「句段」關係和

「聯想」關係——上。句段關係又稱「組合」關係或「配置」關係，
是「在現場的」，即詞出現在句子當中先後有序的橫向關係；聯想關
係又稱「聚合」關係或「類聚」關係，是透過聯想，把某種具有共同
點的詞聯合成潛在的記憶，是「不在現場」的[2]。

　　句段關係，是指詞在語句中經常或固定出現的位置或關係，它們
在句子裡誰出現在前、誰出現在後，是有一定的。像我們前面提到的
形容詞常出現在名詞前，修飾名詞；也常出現在名詞後，對名詞主題
進行描寫。又如：名詞常出現在動詞之前，去支配動詞的動作；而一
個及物的動作動詞，往往後頭也要帶一個名詞，表示該動作所涉及的
事物、對象或目標等。這種先後有序的關係就是「句段關係」或「組
合關係」。在此基礎之上，我們可以利用聯想，把能夠出現在語句裡
同一個位置的詞都蒐羅出來，這些可以出現在語句中同一位置的詞，
聚合或類聚在一起，也就是它們都屬於同一個「類」。屬於同一個
「類」的詞，它們具有相同的「組合」能力或語法功能，換句話說，
它們可以出現在語句裡的相同位置，也就是擔任相同的語法成分。更
進一步，我們還可看到詞類跟詞類之間，也和人一樣，有一些是經常
的密切往來，亦即某兩類的詞關係比較密切、常在一起出現；而有一
些可能老死不相往來的，即該類的詞在語句裡是不會一起出現的。

　　這樣，要區分詞類時，除了可以依據前述的「詞彙意義或語法作
用」以外，我們還可以根據「詞在語句裡所能擔任的語法成分」，以
及「詞和其他的詞類的組合能力」這兩個判準歸納出「詞類」。

　　另外，漢語跟西方語言比較，還有一個不太一樣的地方，那就是
漢語裡有一些詞允許重疊，可以用重疊的形式出現，例如「漂亮」、

2　參見高名凱譯，費爾德南‧德‧索緒爾、沙‧巴利‧阿‧薛施藹編：《普通語言學教
　　程》，頁170-176。

「清楚」、「整理」、「活動」、「打掃」，分別可以重疊成「漂漂亮亮」、「清清楚楚」、「整理整理」、「活動活動」、「打掃打掃」，其中或以「AABB」的方式重疊，或以「ABAB」的方式重疊，這是兩種不一樣的重疊方式；尤其這些重疊的詞語中間，多數還可加入否定副詞「不」變成一正一反的疑問形式，例如：「漂亮不漂亮」、「漂不漂亮」、「打掃不打掃」、「打不打掃」等。所以詞的可重疊與否以及其重疊的方式也可以作為區分詞類的輔助條件。

　　基本上，我們利用上述這三個區分依據，希望能將漢語的詞類作一個比較清楚的界定。

二　漢語的詞可以分為哪些類

　　馬建忠（1845-1900）以描寫語法的方式寫成我國第一部語法書——《文通》，他同時也建立了我國語法在系統研究方面的里程碑。在《文通》裡他把詞分為「實」與「虛」兩大類，實詞之下又細分為名詞、代詞、動詞、形容詞、副詞五類，虛詞則分介詞、連詞、助詞、嘆詞四類[3]。這樣的分類方式，歸為虛詞的四類——介詞、連詞、助詞、嘆詞，學界大體上比較沒有意見[4]，不過對於實詞就有一些不一樣的看法。例如：王力把名詞、數詞、形容詞、動詞歸為純粹

3　在《文通》裡，馬建忠把「詞」都稱為「字」，實詞分類的名稱與現今常見者也有不一樣的地方，稱形容詞為「靜字」，副詞為「狀字」。

4　不過早期對於「嘆詞」究竟該不該歸虛詞，也有一些不同的看法。因為學界分實詞、虛詞時，實詞有一項重要的特點，就是能夠作「句詞」，也就是說，在一定的語境裡一個詞就能成為一個句子，回答一定的問題；但嘆詞卻總是成為獨詞句或句子的獨立成分、非主謂句的「地道的零句」。以上說法分別見於人民教育出版社中學漢語編輯室〈《暫擬漢語教學語法系統》簡述〉（1980：13、25）。

的實詞,而副詞與實詞相近,代詞、繫詞和虛詞相近[5];呂叔湘以名詞、形容詞、動詞為實義詞,限制詞(即副詞)、指稱詞(含王力之數詞)為比較具體的輔助詞[6];許世瑛把名詞、形容詞、動詞稱為最具體的實詞,限制詞、指稱詞則稱比較沒那麼實在的實詞[7];或者乾脆不分虛、實,如黎錦熙就直接稱名詞、代詞為實體詞,動詞為述說詞,形容詞、副詞為區別詞,介詞、連詞為關係詞,助詞、嘆詞為情態詞,詞類共有九種約為五類[8];趙元任認為現代分法的內容詞與功能詞與傳統的虛、實二分法相當,而且可以「列得完的類」跟「列不完的類」來為詞類下定義,他將詞分為「體詞」與「動詞跟別的詞類」兩大區塊,「體詞」包括名詞、專有名稱、地方詞、時間詞、定-量式複合詞、定詞、量詞、方位詞、代名詞,「動詞與別的詞類」則包括動詞(含形容詞)、介詞、副詞、連接詞、語助詞、感嘆詞[9]。

　　至於現代學者,有的仍承續馬建忠詞類的虛、實二分,但對於實詞、虛詞所包括的詞類則略作調整,例如劉月華等以名詞、動詞、形容詞、數詞、量詞、代詞為實詞,副詞、介詞、連詞、助詞、象聲詞、嘆詞為虛詞[10];也有根本不談虛、實,直接將詞分為名詞、代詞、動詞、形容詞、數詞、量詞、助動詞、副詞、介詞、連詞、助詞、語氣詞、感嘆詞、呼應詞十四類[11];孫良明則受到黎錦熙分類的啟發,主張要打破詞分虛、實的界限,將詞分為句法結構成分詞、句

5　參見王力《中國語法理論》上(1987:23-24)。
6　參見呂叔湘《中國文法要略》(1985:16-18)。
7　參見許世瑛《中國文法講話》(1979:32)。
8　參見黎錦熙《新著國語文法》(2000:18-21)。
9　參見趙元任著,丁邦新譯《中國話的文法》(1982:251-256)。
10　參見劉月華等《實用現代漢語語法》(1983:3-4)。
11　參見楊伯峻、何樂士《古漢語語法及其發展》(1992:78)。

法結構關係詞、非句法結構詞三大類[12]。

　　不過以上這些討論，其實屬於理論語法的層面。在教學語法裡，應重在如何引導學生區別出名詞、動詞、形容詞等各種詞類，以及每種詞類在語句裡的基本用法即可，不必對詞的虛、實作過多的著力。在目前我國各階段國語文課程綱要中並未對語法體系作相關的規定，以下參酌前輩學者的觀點，並考量國語文教學的需要程度，將漢語的詞區分為：名詞、動詞、形容詞、代詞、副詞、數量詞、介詞、連詞、助詞、嘆詞十類。

第三節　詞類的介紹

　　本節擬在將詞區分為：名詞、動詞、形容詞、代詞、副詞、數量詞、介詞、連詞、助詞、嘆詞十類的基礎下，從詞的定義、語法特徵與功能描述三方面分別對各類詞進行介紹[13]。

一　名詞

　1. 定義：表示人、事、物的名稱以及學術上所創造的名稱，都是名詞。
　2. 語法特徵
　　（1）可以接受數量詞的修飾。例如：一個人、兩隻老鼠、三座山、五枝鉛筆。

---

12 參見孫良明〈詞類三分法芻議、實詞虛詞二分新析〉（1992：55-60）（收於1992：1月《山東師大學報》社科版）。

13 以下詞類定義與語法功能的描述，部分參考劉月華等《實用現代漢語語法》（1983：18-258）的相關敘述。

（2）可以接受代詞、形容詞、動詞、各類短語結構或另一個名詞
　　的修飾。例如：我兄弟、汝之子、他們的書包、誰的鞋子
　　（以上的「兄弟」、「子」、「書包」、「鞋子」分別接受代詞修
　　飾）；美麗之島、安靜的角落、紅色的花朵（以上的「島」、
　　「角落」、「花朵」分別接受形容詞修飾）；飛鳥、落石、滾
　　動的球（以上的「鳥」、「石」、「球」分別接受動詞修飾）；
　　吹洞簫者、吃了三碗飯的人、正在打球的同學、在桌子上的
　　書包（以上的「者」、「人」「同學」、「書包」，分別接受短語
　　結構「吹洞簫」、「吃了三碗飯」、「正在打球」、「在桌子上」
　　修飾）；金框眼鏡、籃球比賽、電腦軟體、江南風景（以上
　　的「眼鏡」、「比賽」、「軟體」、「風景」分別接受另一名詞修
　　飾）等。

（3）一般不能接受副詞修飾。

（4）多數名詞不能重疊，少數名詞像：親屬稱謂詞及語意上表示
　　小、可愛的名詞，可以重疊，例如：星星、狗狗、鴨鴨等
　　（猩猩、狒狒除外）。重疊後的親屬稱謂詞，後面的音節一
　　般唸固定輕聲。

（5）除了指人的或人性化的名詞可以加「們」表示多數以外，一
　　般名詞沒有單複數的區別。

3. 功能描述：

（1）擔任主語、賓語（含介詞賓語）。例如：爸爸買了公事包、
　　老師用粉筆在黑板寫字等的「爸爸」、「老師」是主語，「公
　　事包」、「字」是賓語，「粉筆」、「黑板」是介詞賓語。

（2）擔任判斷句、準判斷句的斷語（即擔任名詞謂語句的謂語中
　　心）。例如：我的爸爸是消防隊員、遠處的小山很像饅頭。

（3）可以作為名詞的修飾成分。例如：女子學校、黃金時刻、電
　　腦軟體等。

（4）除了時間名詞、處所名詞以外，一般不擔任狀語。

二 動詞

1. 定義：表示人、事、物的行為、動作、存在或發展的狀況、類屬的關係等現象的詞叫動詞。
2. 語法特徵
   （1）一般可以用「不」來否定，多數動詞還可用「沒」否定。例如：不去、不打開、不幫忙、沒吃、沒睡覺等[14]。
   （2）除了「愛」、「喜歡」、「討厭」、「餓」、「醉」等心理或生理的狀態動詞以外，一般動詞不接受程度副詞修飾。
   （3）多數可以在後頭接「了」、「著」、「過」等動態助詞。例如：吃了、買了、醒著、躺著、來過、表演過等。
   （4）動作動詞可以重疊：
   單音節直接重疊，例如：走走、跑跑、唱唱、躺躺等。
   雙音節主要以 ABAB 方式重疊，例如：整理整理、休息休息、打扮打扮，而且習慣上第二、第四音節讀得較輕。
   三音節（含）以上動詞不能重疊，例如：拍馬屁、對不起等。
   （5）重疊的單音節動詞可以在中間加「一」，表示嘗試或動作時間的短暫，例如：走一走、跑一跑、唱一唱、躺一躺。[15]
3. 功能描述
   （1）經常擔任敘事句的謂語中心，例如：「爸爸買了公事包」的「買」、「老師用粉筆在黑板寫字」的「寫」等。

---

14 不過在語意上有些差異，「不」有時表示否定是出於一種發出動作者的主觀或自由意識，「沒」有時比較傾向於對客觀事實的陳述。

15 有關動詞重疊所表現的語意內容或感情色彩，可參見本書上編第二章第三節對動詞重疊的敘述。

（2）及物性的動詞可以帶賓語，部分動詞還可以帶補語，例如：
「他吃三個蘋果」（帶賓語）、「我吃飽了」（帶補語）等。

（3）動詞重疊，可以在其間加「不」表示疑問；雙音節動詞可以
A 不 AB 或 AB 不 AB 的方式表示。例如：休不休息、整理
不整理等。

（4）除了「愛」、「喜歡」、「討厭」、「餓」、「醉」等心理或生理的
狀態動詞以外，不可以有比較級、最高級。

（5）述補式複合動詞可以在中間加入「得」、「不」。例如：打得
死、打不死，打得破、打不破等[16]。

三 形容詞

1. 定義：用來表示人、事、物的性質、狀態的詞叫形容詞。
2. 語法特徵
（1）可以受程度副詞修飾。例如：很小、很髒、十分便宜、極為
便利等。

（2）除了非謂形容詞以外[17]，大多數形容詞可以有比較級、最高
級。例如；比較小、最髒、比較便宜、最便利等。

（3）多數的形容詞可以重疊：
單音節直接重疊。
多數雙音節形容詞以 AABB 方式重疊，例如：漂漂亮亮、
清清楚楚、和和氣氣；少部分以 ABAB 的方式重疊，例

---

16 述補式複合動詞又稱「動補複合動詞」。

17 指像「男」、「女」、「正」、「副」、「個別」、「大型」、「空心」、「平裝」、「野生」、「新
興」、「大紅」、「上好」、「全盛」、「真正」、「共同」、「有機」等，只用來修飾名詞，
不能擔任句子的謂語中心成分，而且以「非」表示其否定形式的形容詞。另可參見
劉月華等《實用現代漢語語法》（1983：121）。

如：他的臉臘黃臘黃的、天空湛藍湛藍的、手心冰涼冰涼的等[18]。

3. 功能描述

（1）擔任表態句（描寫句）的謂語中心。例如：衣服乾淨、鞋子破爛；她的手軟綿綿的等。

（2）擔任偏正結構的定語、補充結構的補語。例如：細紗、紅布、方方的盒子、筆直的田埂、彎曲的小徑等擔任定語；說清楚、講明白、帽子戴歪了、鞋子洗乾淨了等擔任補語。

（3）除非謂形容詞外，一般以「不」表示否定。例如：不紅、不乾、不直、不漂亮、不明白等。

（4）形容詞重疊，可以在其間加「不」表示疑問；雙音節形容詞可以 A 不 AB 或 AB 不 AB 的方式表示。例如：紅不紅、乾不乾、明不明白、清楚不清楚等。

（5）大多數單音節或雙音節形容詞都可以在後頭加「得很」表示程度高。例如：紅得很、髒得很、方便得很、清楚得很等。

四　副詞

1. 定義：修飾動詞或形容詞，用來說明行為動作或性質狀態等所涉及的範圍、時間、程度、頻率以及肯定或否定的情況的詞叫副詞。

2. 語法特徵

（1）程度副詞以外的副詞可以修飾動態動詞，程度副詞可以修飾形容詞與狀態動詞、心理動詞。例如：都來、暫時離開、經常哭鬧、忽然打開、不走（以上修飾動態動詞）；十分有趣

---

18 以ABAB方式重疊的形容詞主要為狀心式複合形容詞。有關形容詞重疊所表現的語意內容或感情色彩，可參見本書上編第二章第三節對形容詞重疊的敘述。

（修飾形容詞）、非常飢餓（修飾狀態動詞）、很討厭（修飾心理動詞）等。

（2）大部分副詞不接受其他類詞的修飾。

3. 功能描述：

（1）擔任狀語，如前面語法特徵（1）所舉的例子都是。

（2）不能單獨用來回答問題。

（3）少數副詞可以擔任補語，例如：漂亮極了、聰明得很、壞透了。

五　數量詞

1. 定義：表示名物的數目的詞是數詞，表示事物或動作的數量單位的詞叫量詞，兩者合稱數量詞。

2. 語法特徵

（1）口語中，除少數慣用語之外，必須數量合用，才能修飾名詞，例如：五隻貓、兩條狗、一塊餅乾等；文言則數詞可以直接修飾名詞或動詞，例如：三牛、五馬、三戰、二勝。

（2）除少數慣用語以及「一」以外，數詞不能重疊；量詞重疊一般不是用來分指全體中的每一個個體，而是表示這些「毫無例外」的意思。

（3）數詞一般不接受其他詞類修飾。

3. 功能描述

（1）擔任偏正結構的定語，修飾名詞；或擔任謂語中心成分的數量補語。

（2）只有以數字作為陳述對象時，數詞可以擔任主語和賓語[19]；

---

19 例如：「二十五是五的五倍」。

兩位數或兩位數以上的數詞，可以擔任謂語的中心成分，主
要表示年齡、日期。

六　代詞

1. 定義：具有指示、稱代作用的詞叫代詞，所指示、稱代的具體內
   容往往要在一定的語境中才能確定。
2. 語法特徵
   （1）傳統文言裡的代詞一般不被修飾。
   （2）代詞擔任名詞的修飾語時，表示領屬的關係。
   （3）不能重疊。
   （4）人稱代詞「你」、「我」、「他」、「咱」等可以加「們」表示複
   數[20]。
   （5）指示代詞「這」、「那」、「此」等在句中可代替名詞、動詞、
   形容詞和表示程度的副詞，既可指示，亦有稱代的作用。
3. 功能描述
   （1）可以擔任主語、賓語（含介詞賓語）、斷語。例如：筆，我
   們用它來寫字。「我們」是主語、「它」是介詞賓語。又如：
   小林打了我。「我」是賓語。那群人裡肯定有他。「他」是
   賓語。
   （2）可以擔任偏正結構的領屬性定語。例如：我的書，他的錢
   包，我們的老師。
   （3）疑問代詞是特指問句的詢問焦點。例如：誰是今天的壽星？
   你家住哪裡？口袋裡有什麼？我能怎麼辦呢？他昨天為什麼
   沒來？

---

20 「它」或「牠」有時也可以加「們」。

（4）疑問代詞可以活用表示反問、泛指和虛指[21]。

七　介詞

1. 定義：出現在名詞、代詞或名詞性短語前[22]，與之組成介賓結構，用來修飾述語或表語，可以表示時間、對象、處所、方向、範圍、工具、目的、比較等種種關係的詞叫介詞。例如：我從七點就開始忙了、誰替你洗衣服、老師在會議室開會、當窗理雲鬢、知了持續在四處鼓噪、每天用筆寫字、別再為頭髮煩惱、弟弟居然比你高等。

2. 語法特徵

（1）必須與名詞、代詞或名詞性成分組成介賓結構[23]。

（2）介詞不能重疊。

3. 功能描述

（1）介賓結構如果出現在述語或表語的前面，具有狀語的功能；若出現在述語或表語的後面，則擔任補語[24]。

---

21 疑問代詞表示反問，構成反問句（又稱「激問句」）；表示泛指時，可以代表任何一個人（誰）、任何一件東西（什麼）、任何一個地方（哪裡），例如：「阿明精明得很，誰都騙不了他。」「他消息靈通，什麼都知道。」「我姊姊是空姐，哪裡都去過。」表示虛指時，通常只是代表不知道、說不出來或無須指明的人或事物，並不表示詢問，也不要求回答，例如：「那個人，好像在哪兒見過。」「昨天夜裡，不知讓什麼絆了一跤，差點兒跌倒。」「老師耐心地教他怎麼運算，怎麼畫圖，怎麼分析。」

22 文言的介詞可以出現在這些名詞性成分的後頭，組成「介詞賓語＋介詞」的結構，例如：伯夷叔齊不念舊惡，怨是用希。（《論語·公冶長》）裡的「是用」。

23 文言的介賓結構有時介詞賓語省略，例如：「以正君臣，以篤父子，以睦兄弟，以和夫婦。」（《禮記·禮運·大同學小康》）介詞「以」後即省略介詞賓語「之」。

24 定義中所舉的例子主要都出現在中心成分前面；出現在中心成分後面，具有補語功能的介賓結構，像：生乎吾前，其聞道也，固先乎吾。（韓愈〈師說〉）的「乎吾前」、「乎吾」。

（2）部分介賓結構可以擔任偏正結構的定語，修飾名詞，但定語和中心語之間一定要加「的」。例如：在桌子上的書包。

（3）介詞不能單獨充當句子成分[25]。

（4）介詞不能單獨用來回答問題。

八　連詞

1. 定義：把詞、短語結構或者分句連接起來，表示其間的某種關係的詞是連詞。例如：小丸子和小玉、吃完飯然後去看電影、我很醜可是很溫柔、因為愛你所以罵你、你要吃飯還是吃麵、如果我有錢一定會借你。

2. 語法特徵
（1）對於所連接的詞、短語結構或句子只具有連接的作用，沒有修飾或補充的功能。
（2）不受其他詞類的修飾。
（3）不能重疊。

3. 功能描述
（1）連詞不能單獨充當句子成分。
（2）連詞不能單獨用來回答問題。

九　助詞

1. 定義：黏附在詞、短語結構或句子的後頭[26]，具有輔助作用，表

---

25 文言介詞賓語省略，不宜視為介詞直接擔任句子的成分。

26 文言的語氣助詞可以出現在語句的前面，像：「夫風無雌雄之異，而人有遇不遇之變」、「蓋文章，經國之大業，不朽之盛事」的「夫」與「蓋」。

示某種結構關係以及動詞的動貌，或句子的語氣等作用的詞叫助詞。例如：漂亮的花朵、小丸子的學校、美麗之島、唱得好、吾資之昏不逮人也、唯利是圖、唯其疾之憂、看了三本書、過著奢侈生活、想吃飯嗎、太高興啦等。

2. 語法特徵

（1）只表示語法功能，無實在的詞彙意義。

（2）不能單獨使用。

（3）不能重疊。

（4）不接受修飾[27]。

（5）口語的助詞一般都讀輕聲。

3. 功能描述

（1）結構助詞主要表示修飾語和中心語，或中心語和補語之間的結構關係[28]。

（2）部分文言的結構助詞可以表示述賓結構的賓語前置[29]。

（3）動態助詞可以表示動作行為的完成、動作或狀態的持續或曾經有過的某種經驗[30]。

（4）語氣助詞主要出現在詞語的後頭，可以單獨或與語調以及其他詞類一起，表示各種不同的語氣[31]。

---

27 但允許兩個助詞連用，例如：「他走了吧？」「這不就來了嗎？」

28 像前舉的：漂亮的花朵、小丸子的學校、美麗之島、唱得好。

29 即前舉的「唯利是圖」、「唯其疾之憂」一類的例子。

30 前面舉的「看了三本書」表示動作已完成或一種經驗、「過著奢侈生活」表示動作正持續進行。

31 例如前舉的「想吃飯嗎」表示疑問、「太高興啦」表示感嘆。

十　嘆詞

1. 定義：表示感嘆、呼喚、回應等聲音的詞叫嘆詞。例如：「嗟乎！師道之不傳也久矣」「喂！喂！渡船請搖過來！」「喔！我們的羊真好」。

2. 語法特徵
   （1）沒有確切的詞彙意義，也無語法意義[32]。
   （2）總是單獨使用，且獨立於句子的結構之外。
   （3）可疊用或連用[33]。
   （4）不接受修飾。

3. 功能描述
   （1）不與句中的任何成分發生結構上的關係。
   （2）不充當任何句子的成分。
   （3）常位於句首，後面用嘆號或逗號與句子隔開。

　　本章先從何謂詞類與認識詞類的必要性進行論述，其次說明詞類區分的依據，最後分別從各詞類的定義、語法特徵與功能進行描述，希望能為國語文教師進行語法教學時提供較明晰的概念。

---

32 劉月華等（2007：236）認為既非實詞，也不是虛詞。但每個嘆詞包含一定的意義，因此，在這意義上，嘆詞與後面的句子是有聯繫的。

33 疊用之例像「喂！喂！渡船請搖過來！」，「噫吁嚱！危乎高哉！蜀道之難，難於上青天！」則是嘆詞的連用。

第四章
句型介紹

　　身為國語文或華語文教師，我們應該具有哪些先備知識才足以應付句型教學之所需？本章就是從這個角度，說明在進行句型教學之前，教師必須具備哪些與「句子」相關的知識。

第一節　句子和句法

　　句子是語言裡獨立而完整的表達單位。獨立，指的是可以單獨用來回答問題，完整指的是意思的完整性。

　　句子是由詞組成的，自然語言中的句子（例如：國語或英語），絕非一些單字、詞語任意湊在一起。也就是說，每個語言都有其組詞成句的法則，我們稱為「句法規律」。從最簡單的外顯事實來看，句法規律指的是：詞在組成句子時先後有序的關係。句子裡，語詞排列有一定的順序，稱為「詞序」或「語序」（word order）。

　　詞序是句子結構的一種，在本質上是一種「線性結構」（linear structure），表現句子裡的詞語一個接一個的先後關係，也就是在上編第三章裡索緒爾所說的「句段關係」。任何一種語言的句子都有結構可言，構句一定依照規律進行，才能表情達意。例如：國語或英語的句子，動作的主事者（agent，又名施動者或施事者）必須置於表示該動作的動詞之前。

　　對句法規律進行研究的是句法學（Syntax），漢語構詞和造句的基本規律，大體上是一致的，我們在上編第二章介紹漢語語法的特點

時，已作過說明[1]。過去的語法或文法教學，即涵蓋構詞法與造句法。

不過，若只看句子裡的詞序，其實無法完全看出句子成分當中，哪些成分關係較為密切，哪些成分關係較為疏遠。所以必要時，還可利用層次分析法或結構樹形圖分析法，來解析句子，這樣展現出來的，將不僅是詞序而已，還可以表現出句法範疇中，各句法成分的詞組或詞類，以及語詞組合後詞組劃分的情形[2]。

第二節　句型的分類

句型可依句子表現的語氣分類，也可以依其內部結構成分的不同分類。

一　依句子語氣分類

與人溝通、表情達意是語言最主要的功能，這項功能可以透過「說話」來完成，而說話的單位是句子。說話有時為了傳信，有時為了傳疑，也有時為了表示請求，當然有時可能純粹只是情感意緒的抒發。如此種種表達功能的不同，便有了各種不同的語氣，也就是說話的口氣。句子依據語氣的不同，可分為陳述句、疑問句、祈使句、感嘆句。

（一）陳述句

陳述句主要為了傳信，可用於敘事、描寫、說明、議論，可以是

1　有需要的讀者可參見本書上編第二章第三節的說明。

2　老師若能具有這些分析句子的能力，在從事國文法教學時，當更能得心應手。有需要的讀者可參見謝國平（2004：187-193）。

肯定的，也可以是否定的形式。在口語中是平直的語調，書面中用句號表示。例如：

　　過兩天，我要到台中。

　　明天不會下雨了。

　　今天，他的心情很不平靜。

　　我的同學是澳洲人。

　　這個故事印證了兩件事，一是好人不見得長壽，一是壞人也不一定短命。

（二）疑問句

　　疑問句是為傳疑之用，在口語中往往句尾語調上揚，是升調，書寫時會用問號表示。例如：

　　他是你的朋友嗎？（是非問句）

　　誰是你朋友？（以下是特指問句，加「。」的詞是詢問的焦點）

　　你朋友是哪裡人？

　　你什麼時候認識他的？

　　你們怎麼認識的？

　　你最想跟你的朋友說些什麼話？

　　為什麼你最想跟他說這些話？

　　你喜歡吃米飯還是吃麵食？（選擇問句）

　　你的朋友是不是老師？（正反問句）

（三）祈使句

祈使句可以用來表示命令、請求、勸阻或禁止，口語裡是降調，書面上標句號，如果語氣較強時，會用感嘆號。例如：

> 不許動！
> 乾杯！
> 快走吧！
> 請給我一杯水。
> 請勿進入。
> 不要亂丟垃圾。

（四）感嘆句

用於表示說話者喜、怒、哀、樂，甚至厭惡、驚訝等種種情緒的句子是感嘆句，在口語裡也以降調為多，書寫時用感嘆號，可以加上語氣助詞構成，也可以附加一個由嘆詞構成的小句，或在句中用「多麼」以及其同義詞表示，例如：

> 有山、有水，多美的景色啊！
> 天哪！我真的中了彩券啦！
> 哇！這可真不錯呀！
> 唉！人類的科技對地球的生態影響太大了！

二　依句子結構分類

從句子結構的視角來檢驗句子，為句型分類，可以從句子的單

一、複雜或者凝練的程度，將句子分為單句、複句、緊縮句，或者甚至是句群、段落和篇章。

（一）單句

單句在句型上與複句相對，是結構單一的句子，最多只有一個主語和一個謂語。

我們可以依據謂語中心成分的作用，為單句分類；也可以檢視單句是否主語、謂語俱全來為它分類。

1　依據謂語中心成分的作用分類

依據謂語中心成分的作用不同，過去把單句分為敘事句、有無句、表態句、判斷句、準判斷句共五類。目前，中學國文的語法教學，大致仍依循這種分類方式。

（1）敘事句舉例

以表示行為或動作的動詞為謂語中心，敘說一件事情的句子叫敘事句。基本成分：主語＋〔述語（＋賓語）〕。為了閱讀方便，分別在以下各例句的述語上方加標「。」，賓語上方加標「‧」，例句除了帶有附加或補充成分需要說明的以外，就不再一一指明句中的成分。例如：

> 1. 鷺鷥輕踩牛背，蚯蚓翻滾（向陽〈驚蟄〉）
> 2. 籠鳥檻猿俱未死。（白居易〈與元微之書〉）
> 3. 毛都長齊了。（鍾理和〈草坡上〉）
> 4. 我也高興的笑了。（鍾理和〈草坡上〉）
> 5. 孔子師郯子、萇弘、師襄、老聃。（韓愈〈師說〉）

6. 田犁碌碌耙梳土地（向陽〈驚蟄〉）

7. 它漸漸失去了青蒼的顏色。（陸蠡〈囚綠記〉）

8. 新綠的枝子頑皮的張開翅膀。（琦君〈下雨天，真好〉）

9. 長兄去夏自徐州至。（白居易〈與元微之書〉）

10. 寒意自昨夜起逐步撤退（向陽〈驚蟄〉）

11. 平生故人，去我萬里。（白居易〈與元微之書〉）

12. 採菊東籬下，悠然見南山。（陶潛〈飲酒之五〉）

13. 卿得良馬否？（岳飛〈良馬對〉）

14. 天使怎麼說？（三毛〈守望的天使〉）

上述例句中，在基本成分之外，或帶有狀語，或帶有補語。例如：例1前例的「輕」，例2的「俱」、「未」[3]，例3的「都」，例4的「也」、「高興（的）」，例6的「碌碌」，例7的「漸漸」，例8的「頑皮（的）」，例9的「去夏」、「自徐州」，例10的「自昨夜起」、「逐步」，例12後例的「悠然」，例14的「怎麼」都是狀語。例4的「齊」，例11的「萬里」，例12前例的「東籬下」則是補語。而以上這些敘事句，自例1至例12都是陳述語氣，例13、例14是疑問語氣。

（2）有無句舉例

表明事物有無（領屬）、存在或呈現與否的句子稱為有無句。基本成分與敘事句相同，也是：（主語）＋〔述語＋賓語〕。例如：

1. 聖人無常師。（韓愈〈師說〉）

---

3 這裡「狀語」採廣義的說法，因此包含介賓結構。在說明時，由於考慮到狀語在修飾中心成分時，也有層次的分別，例如：範圍副詞「俱」是對中心成分範圍的概括，而否定副詞「未」是表示對中心成分的否定，因此分開指述、說明。例4、例9、例10也有類似的狀況。

　　2.小販有一木製圓盤。（古蒙仁〈吃冰的滋味〉）

　　3.我曾有過一雙美麗的手。（杏林子〈手的故事〉）

　　4.你們都有好幾個要好的同學。（林良〈父親的信〉）

　　5.宅邊有五柳樹。（陶潛〈五柳先生傳〉）

　　6.河口附近還有許多雀榕。（大樹之歌）

　　7.井裡怎麼會有青蛙？（王鼎鈞〈井蛙哪裡來〉）

　　8.今天剛好有信。（陳黎〈聲音鐘〉）

　　9.天下事有難易乎？（彭端淑〈為學一首示子姪〉）

　　10.這些鐘自然也有停擺、慢擺或亂擺的時候。（陳黎〈聲音鐘〉）

　　11.荊人有遺弓者。（《呂氏春秋·貴公》）

　　12.客有吹洞簫者。（蘇軾〈赤壁賦〉）

前述的例子，例1至例4是表示主語是否擁有賓語的語意，表示領屬關係；例5至例10表示存在的關係，出現於句首的，或為處所性成分，像「宅邊」、「河口附近」、「井裡」，或為時間詞，像例8「今天」，也可能是一個類似範圍、存在的成分，像「天下事」、「這些鐘」；例11與例12句首的名詞性成分是一個「整體」，賓語是「部分」，句意表示的是整體與部分的關係，這也屬於廣義的存在關係。其中例1是否定的陳述句，例7、例9是疑問句，其餘都是肯定的陳述句。

（3）表態句舉例

　　表態句是對人、事、物的性質或狀態進行描寫的句子，描述主語的性質或狀態的叫「表語」（又稱描寫語、形容詞謂語，通常是形容詞或形容詞性的單位）。以下例句分別在表語上方加標「。」，表語前面往往還有狀語對表語進行修飾，就不一一指明。表態句的基本成分是：主語＋表語。

1.芳草鮮美，落英繽紛。（陶潛〈桃花源記〉）

2.營地泥濘。（李潼〈瑞穗的靜夜〉）

3.江州風候稍涼。（白居易〈與元微之書〉）

4.屋舍昂然抖擻。（向陽〈驚蟄〉）

5.松林裡的雨夜，格外沉靜。（李潼〈瑞穗的靜夜〉）

6.那家旅館不十分清爽吧。（夏丏尊〈生活的藝術〉）

7.笛聲低沉而遙遠。（琦君〈下雨天，真好〉）

8.天上風箏漸漸多了。（朱自清〈春〉）

9.他面容和善。（李潼〈瑞穗的靜夜〉）

上述例句大抵都屬陳述語氣，例6的「吧」，只表示一種推測或測度，不具有感嘆成分；例9是以「面容和善」這個主謂結構描寫主語。

（4）判斷句舉例

　　判斷句是解釋事物的含義，或判斷事物同異的句子。先秦兩漢以前的文言主要以「A 者，B 也」的句式表示這種判斷的語意，不過，其中的「者」、「也」不必然一定出現；少數會用「為」表示肯定判斷；魏晉南北朝開始出現較多以繫詞「是」作為肯定判斷的用例。否定的判斷則以「非」或「不是」表示[4]。判斷句的謂語中心是斷語，多為名詞性成分，因此又稱名詞謂語。基本成分為：主語＋｛斷語／名詞謂語｝，或主語＋〔｛繫語／繫詞｝＋｛斷語／名詞謂語｝〕。

4　傳統文言肯定判斷以「者」、「也」為記號，而不用繫詞，「非」只是表示否定判斷，就像「乃」會出現在肯定的判斷句裡，加強其肯定判斷，但「非」與「乃」並不具有繫詞的功能。坊間一些參考書往往直言「非」為否定繫詞，「乃」為肯定繫詞，這是比較值得注意的地方。

1. 墨子者，顯學也。(《韓非子・外儲說》)

2. 道之所存，師之所存也。(韓愈〈師說〉)

3. 禮、義、廉、恥，國之四維。(《五代史・馮道傳論》)

4. 子為誰？……為仲由。(《論語・微子》)

5. 士為四民之末。(鄭燮〈寄弟墨書〉)

6. 懷疑與好奇為科學之母。(劉真〈論讀書〉)

7. 它是一棵雀榕。(劉克襄〈大樹之歌〉)

8. 你是平躺的島嶼。(陳芳明〈深夜的嘉南平原〉)

9. 這是去年夏間的事情。(陸蠡〈囚綠記〉)

10. 民主不是一群會投票的驢。(陳之藩〈哲學家皇帝〉)

11. 他們構築的不是物理的時間，而是人性——或者更準確地
    說——心情的時間。(陳黎〈聲音鐘〉)

例句中有「者」、「也」皆具的，像例1，也有僅具其一，甚至都未出現的，像例2、例3；例4、例5、例6以「為」表示肯定判斷；例7至例9以及例11後例以「是」表示肯定判斷；以上皆為肯定的陳述語氣。例10、例11前例屬否定的陳述語氣，是否定的判斷句。

(5) 準判斷句舉例

準判斷句是表示主語具有某種身分、擔任某種職務或發生某種變化，或是以譬喻的方式對主語作一番說明的句型[5]。基本成分是：主語＋〔{準繫語／準繫詞}＋斷語〕。例如：

5　因為表示具有某種身分、擔任某種職務或發生某種變化的動詞，無法歸為動作動詞，而譬喻的關係，語意上與判斷句並不一樣，肯定的判斷句，主語和斷語之間通常可以畫上等號，表示兩者之間相同或類屬的關係，但譬喻僅只是兩者之間具有相似性而已。所以許世瑛（1979：152-156）、呂叔湘（1985：63-65）便將這種句型稱為準判斷句。

1. 釋之為廷尉。（司馬遷〈張釋之執法〉）
2. 陶公少時作魚梁吏。（劉義慶《世說新語·賢媛》）
3. 你底心如小小的寂寞的城。（鄭愁予〈錯誤〉）
4. 關心如同一座橋樑。（邵僴〈讓關心萌芽〉）
5. 青春是一本太倉促的書。（席慕蓉〈青春〉）
6. 地球上的陸地／是月亮掉下來的碎片。（向陽〈月的分離式〉）

例1、例2的「為」、「作」都有「擔任」的意思。例3、例4以「如」表示譬喻，是修辭學譬喻裡的明喻；例5、例6句中雖然用「是」把主語和斷語連繫起來，不過只是一種譬喻的關係，並不表示肯定的判斷，屬譬喻的隱喻或暗喻，因此，我們將這兩句置於此。

2 依句子主、謂語的有無分類

如果依據單句是否主語、謂語俱全來為它分類，那麼可分為主謂句和非主謂句。

（1）主謂句

主謂句是由一個主語和一個謂語組成的句子，例如：

他是一個好人。
我的弟弟在語文中心學中文。

這兩個例子主語、謂語都不省略；前面依句子結構分類所舉的例子，大多數也是主謂句。不過在某些特定的語境中，主語或謂語可以省略，例如：

　　甲：還剩什麼？

　　乙：（　　）一包餅乾。

　　甲：誰要（　　）？

　　丙：我（　　）！

　　甲：（　　）不給你！

　　雖然表面上看起來，上引的例子主語或謂語並不完整，但透過語境，其實都可以補出來，因此，仍歸為主謂句。

　　主謂句也可以依據謂語中心成分的屬性，再作分類，分為：動詞謂語句（大致相當於敘事句）、形容詞謂語句（相當於形容詞表語的表態句）、存現句（含有無句以及存在動詞組成的句子）、名詞謂語句（判斷句和表譬喻關係的準判斷句）、主謂謂語句（以主謂式短語結構為表語的表態句）。讀者有需要請自行參看前面所舉的例子。

（2）非主謂句

　　漢語裡，有些句子只有謂語，可是無法為它補出主語，包括表示自然界天候現象的句子或由某些特定的動詞構成的句子，這是「無主語」的非主謂句，可以稱為無主句[6]；另外，以呼語、應語、嘆語等形式存在的句子，或以事物為說明對象，只由名詞或名詞性短語構成，具有表示驚訝或讚嘆、發現或提醒、祈使等作用，它們不是句中成分省略，因為無法為它們補出主語或謂語，則可視為「獨詞句」[7]。例如：

6　馬建忠《文通》卷四論「無屬動字」：「動字所以記行，行必所自，所自起者，起詞也。然有見其行而莫識其所自者，謂之無屬動字。」（1978：102-103）即指出有些動詞沒有主語，並舉出像「雨」、「電」、「雪」、「失火」等皆無主語。劉月華等對於無主句有詳細論析（2007：495-497）。

7　參見劉月華等（2007：497-499）。

1. 打雷了。

2. 出太陽。

3. 颳著風。

4. 現在輪到你了。

5. 不流行這一套了。

6. 散會！

7. 喂！

8. 小李！

9. 好！

10. 一定！一定！

11. 唉喲！

12. 哦！

13. 好香的百合花！

14. 好大的膽子！

15. 太神奇了！

16. 扒手！

17. 小心！車子！

18. 站住！

19. 掛號信！

例1至例6是無主句，前三例由自然界的天候現象的動詞構句，後三例是由前述較為特殊的動詞構句；例7、例8是呼語；例9、例10是應語；例11、例12是嘆語，例11後頭可能會接「痛死我了」一類的句子，例12則接「我想起來了」、「我明白了」之類；例13至例15表示驚嘆或讚嘆；例16、例17是一種發現狀況的提醒；例18、例19是命令或祈使。

（二）複句

　　複句是由兩個或兩個以上，在意義上有密切關係的單句或造句單位組成。複句的成分稱為分句，結構上，各分句彼此之間不互相擔任語法成分；意義上，各分句所表達的意思不可分割；一個複句只有一個完整的語調，在最後一個分句末尾有較大的語音停頓。

　　複句通常由連詞或副詞表示其間的關係，這些連詞或副詞統稱為關聯詞語，或作關連詞語、接連詞語；也有完全不用關聯詞語，只以意合法構成複句。

　　複句之間有的只是以平等、並列的關係聯合連接起來，稱為聯合複句；有的分句則以其中一個分句為正（主），另一個分句為偏（從），為偏的分句對正句產生修正、限制的作用，因此具有偏正（主從）的關係[8]。

　　聯合複句又可分為：具有時間或事理先後次序的「順承複句」；表示後分句比前分句表達的意思更進一層的「遞進複句」；列舉兩個或兩個以上的分句分別敘述幾件事情、表示從中擇一或數者必居其一的「選擇複句」；或將幾件事、幾種情況平行等立或正反對立的並列在一起的「並列複句」；用上下兩個意思互相補足的分句表示其完整意涵、或是一問一答的分句以表達完整的意思，稱為「補充複句」；用兩個或兩個以上的分句羅列同類事物，再用總起或總結的分句加以概括，稱為「總分複句」等。簡單羅列相關例句如下，並以「。」標出複句關聯詞語：

8　根據楊如雪（1993）的研究，國中階段學童寫作中較常出現的複句句型為：補充、
　　順承、因果、轉折、遞進、並列等六種複句句型，因此以下將以此六種句型為基礎
　　進行介紹，間亦擴及其他複句句型。

1. 蚌方出曝，而鷸啄其肉。(《戰國策‧燕策》)

2. 孟嘗君使人給其食用，無使乏，於是馮諼不復歌。(《戰國策‧齊策‧馮諼客孟嘗君》)

3. 母親已去世多年，垂垂老去的姨娘，亦終歸走向同一個渺茫不可知的方向。(琦君〈髻〉)

4. 我們穿越街道，經過蟲聲唧唧的田野，來到一座廟裡，等唱山歌的人們。(奚淞〈美濃的農夫琴師〉)(以上屬順承複句)

5. 有風度的運動家，不但有服輸的精神，而且更有超越勝敗的心胸。(羅家倫〈運動家的風度〉)

6. 「哲學家皇帝」，不僅要受苦，還要有一種訓練，使他具有雄偉抱負的遠大的眼光。(陳之藩〈哲學家皇帝〉)

7. 我不能帶著鞘兒，翁翁央央的替人家飛；不能叫人家繫在竹竿頭，賺一把黃小米。(胡適〈老鴉〉)(以上為遞進複句)

8. 划去橋邊蔭下，躺著唸你的書，或是做你的夢。(徐志摩〈我所知道的康橋〉)

9. 使齊人傳諸？使楚人傳諸？(《孟子‧滕文公下》)

10. 寧以義死，不苟幸生。(歐陽修〈縱囚論〉)(以上為選擇複句)

11. 老者安之，朋友信之，少者懷之。(《論語‧公冶長》)

12. 雨是一首濕濕的牧歌，路是一把瘦瘦的牧笛。(余光中〈車過枋寮〉)

13. 不患人之不己知，患不知人也。(《論語‧學而》)

14. 梓匠輪輿，能與人規矩，不能使人巧。(《孟子‧盡心》下)

15. 那榆蔭下的一潭，／不是清泉，是天上的虹／揉碎在浮藻間。(徐志摩〈再別康橋〉)(以上屬並列複句)

16. 出則銜恤，入則靡至。(《詩‧小雅‧蓼莪》)

17. 弟子入則孝，出則弟。(《論語‧學而》)

18. 雄兔腳撲朔，雌兔眼迷離。(佚名〈木蘭詩〉)(以上為補充複句)

19. 蜀之鄙有二僧，其一貧，其一富。(彭端淑〈為學一首示子姪〉)

20. 花圃有兩片，一片是白色的雪球，一片是白色的牡丹。(陳之藩〈失根的蘭花〉)(以上是總分複句)

　　偏正複句則可分為：以偏句表示原因或目的，以正句表示結果或事實的「因果複句」；偏句先提出事情賴以發生的條件或前提，正句表示在此條件、前提之下產生的結果稱「條件複句」；偏句先提出假設，正句說明後果的「假設複句」；以偏句修正正句，表現其不協調的觀念或事實，甚至截然相反的意思，或者以偏句否定正句，表現一種始料所未及甚至無可奈何的心情的「轉折複句」；如果以偏句表示姑且承認其所說的事實或假設，但正句所敘述的情況並不因偏句的影響而不成立的複句稱為「擒縱複句」或「讓步複句」。簡單舉例如下：

21. 夫唯不爭，故天下莫能與之爭。(《老子‧二十二章》)

22. 伯夷叔齊不念舊惡，怨是用希。(《論語‧公冶長》)

23. 昔者先王知兵之不可去也，是故天下雖平，不敢忘戰。(蘇軾〈教戰守策〉)

24. 因為需要我們感謝的人太多了，就感謝天罷。(陳之藩〈謝天〉)

25. 朋友能增長你的知識，擴充你的生活經驗，所以朋友真像是一本一本的好書。(林良〈父親的信〉)(以上是因果複句)

26. 聖人不死，大盜不止。(《莊子‧胠篋》)

27. 放下屠刀，立地成佛。(佛家勸人改惡從善的話。出自釋普濟《五燈會元》卷五十三)

28. 只要下面的人不能完成使命，上面的目標也就無法達成。(劉墉〈你自己決定吧〉)

29. 不管選什麼樣的路，必須要不停地一步步地走去。(艾雯〈路〉)(以上為條件複句)

30. 苟或不然，人爭非之，以為鄙吝。(司馬光〈訓儉示康〉)

31. 假如我現在要讚美一種植物，我仍是要讚美楊柳。(豐子愷〈楊柳〉)

32. 你如愛花，這裡多的是錦繡似的草原。(徐志摩〈我所知道的康橋〉)(以上屬假設複句)

33. 今法律賤商人，商人已富貴矣。(《漢書‧食貨志》)

34. 先帝創業未半，而中道崩殂。(諸葛亮〈出師表〉)

35. 他有一雙眼，但看得不很清楚。(胡適〈差不多先生傳〉)

36. 又該到水源去行禮了，可是一連多天的雨，使老人遲遲不能啟程。(藍蔭鼎〈飲水思源〉)

37. 屋頂上的雨水滴落下來，卻理直氣壯的在簷下匯成一道水流。(洪醒夫〈紙船印象〉)(以上是轉折複句)

38. 海水雖多，火必不滅矣。(《韓非子‧說林上》)

39. 天下雖平，(先王)不敢忘戰。(蘇軾〈教戰守策〉)

40. 縱使雨中行潦川流，雨一停，便全部滲入地下。(陳冠學〈田園之秋選〉)(以上是擒縱複句)

（三）緊縮句

　　緊縮句是一種以單句形式表達複句內容的句子。一般可以看成是由複句緊縮而成的[9]。

　　緊縮句的謂語部分從形式上看，像是一個單句的謂語，但卻包含兩個「相對獨立」的陳述內容，而且一般常用一個或一對有關聯作用的詞語緊縮成一個整體[10]，中間不像複句的分句有語音上的停頓，書寫時不用標點符號分開。例如：

　　　　你才剛來就要走。
　　　　你有什麼事明天再說吧！

「你才剛來就要走」謂語有兩個陳述內容，如果不以緊縮句表示，可以擴展成：「你才剛來」和「你就要走」兩句；同樣的「你有什麼事明天再說吧」也可以擴展為「你有什麼事」和「你明天再說吧」。不過並非所有緊縮句都可以擴展，像：「這條巷子越來越乾淨了」，若擴展成：「這條巷子越來」、「這條巷子越乾淨了」就很奇怪。

（四）句群、段落與篇章

　　句群也叫句組，或稱語段，是前後銜接連貫的一組句子。每個句群都有一個明晰的中心意思[11]。句群是比句子大的語言單位，有些句群表達的層次多，意思繁複，可能就是一個段落；也有的段落有幾個

9　參見劉月華等（2007：524）。

10　也可以不用關聯詞語。

11　參見王聿恩（1984）：〈句群的銜接與連貫〉。《語文學習》。1984（5）。12-15。
　　王聿恩（1989）：〈句群有一個明晰的中心意思〉。《武漢教育學院學報》（哲學社會科學版）。1989（2）。75-80。

相對的中心意思，層次複雜，可能就包含幾個句群。兩個或兩個以上的段落便可以構成篇章。

在語言運用中，句子是使用的基本單位。無論口頭表達或書面表達，把句子組織得有條有理，是表達清楚的要件。從理解的角度說，能夠把握句子和句子的聯繫關鍵是理解準確的基礎。在語文教學中進行的句群訓練，是一種綜合訓練，它涉及語法、修辭、邏輯，涉及閱讀、寫作以至聽說訓練等諸多方面[12]。

閱讀教學，以範文的讀講為首要，範文是一個篇章，教師讀講範文時，會分析為段落，但也常常離不開分析句群，包括結合段落的分析、理清一個個句群、分析句群和句群的聯繫等。在分析一個組織得好的句群時，可以兼及章法、語法、邏輯、修辭學等知識。因為語法標記可顯現篇章組織的線索，但某些語法問題又必須涉及語境才能解決，往往須超出句子範圍才能解釋清楚，而語法手段又要在篇章中才能體現。所以篇章、段落的分析與句群教學，對提高學生的語文能力是有幫助的。

---

12 田小琳（1984）：〈複句‧句群‧段落〉。《語文學習》。1984（5）。9-13。

第五章
文法知識在閱讀與寫作教學中的應用

第一節　前言

　　學界對於「文法」一詞，有不同的界說。廣義的，不但指語言裡構詞、造句的法則，也兼及探討語音和構詞的關係；既注重文言的構詞、造句規律，也講求口語的構詞、造句法則。但是國中、高中階段所謂的「文法」，通常只涉及積詞為句的法則，並兼及構詞的規律。從文法廣義的定義來看，這些法則、規律其實就是「語言」的總和，跟人類的邏輯思維有著密切的關係，所以美國語言學家 Chomsky 認為「語言」是反映心智的鏡子。

　　新世紀的教育目標在培養學生帶得走的能力，所以特別強調學生自學能力的培養與終身學習習慣的養成。培養自學能力主要體現在學生廣泛的閱讀上面，尤其處於「知識經濟」的時代，小至個人立足社會，擴而言之到企業的生存與國家的發展，都需要以知識為基礎，因此學生在求學階段是否具備吸收、消化及運用知識的能力，將攸關其未來承擔個人事業及國家發展的成敗。因此閱讀能力的培養、閱讀習慣的養成，就更顯重要。

　　前曾提及語言與思維的關係很密切，在寫作方面，則關係著學生的思維表出。個人意念與思維的表出形式，在語文方面，主要藉由說話與寫作，說話是言語行為的展現，但若未經過特別處理（例如錄

音、錄影等），則稍縱即逝，因此寫作便成為用以表達個人意念的重要工具。

如此看來，閱讀與寫作跟語文能力的關係，一方面閱讀是語文能力獲得的過程，另一方面寫作則是語文能力的展現，在國語文教學中，是不可忽視的重要環節；同時除了外國語文之外，其他各領域、各學科，不論教科書、測驗卷或相關的參考資料，在中學階段，主要多以國語文呈現，所以國語文閱讀、寫作的能力，不但關涉到學生語文學科的學習表現，也關乎其他多數學科的學習成就。

文法是對語文的構詞、造句法則作研究與描述，其終極目標，便是希望學習者能將這些法則、規律應用在閱讀、寫作上，使學習者一方面能精確掌握語文的意義，獲得清晰的概念；另一方面能有效表達意念，發揮語文的顯著效果。所以國語文教師具有相當的文法背景，在從事教學，指導學生閱讀、寫作時，定能有事半功倍的效益。因此，以下擬分別從文法知識在閱讀與寫作兩方面的應用作一介紹。

第二節　文法知識在閱讀教學中的應用

國語文學科，教師教學以及學生閱讀時，有文言、白話兩種不同的素材。文言，是古代漢語的書面語，也就是在先秦、兩漢口語的基礎上形成的書面語言。這種書面語，在先秦時代，和當時的口語接近；可是經過幾千年的時間，口語隨著社會的發展而演變，文言卻仍舊保留古代漢語的語言習慣，便逐漸與口語脫節。因此文言文與白話文可說是不同的語言體裁，於是在閱讀時所遇到的問題也就因之而異。

一　文法知識在文言文閱讀教學中的應用

（一）虛詞相關知識的應用

　　文言文在閱讀教學中最常遇到的，就是虛詞的問題。虛詞不像一般實詞，具有比較實在的詞彙意義，因此較難從意義上去處理，而必須從結構位置上去掌握、去了解，幸好虛詞的位置往往較為固定，所以能從結構位置上得到理解的重要關鍵。以下以語氣助詞「夫」和常用以作為語序變化標記的結構助詞「之」、「是」、「之為」為例，略作說明。

1 語氣助詞「夫」

　　「夫」出現在語句中的位置，可以在句首、句中，也可在句末，故有句首助詞、句中助詞、句末助詞等分類。「夫」出現於句首，是為句首語氣助詞，多作為議論的開端，表示接下來的語句屬於議論性質，像以下例1至例6都用於引出議論，作為議論的發端：

> 1. 夫晉，何厭之有？既東封鄭，又欲肆其西封。（《左傳·僖公三十年·燭之武退秦師》）
> 2. 夫人善於自見，而文非一體，鮮能備善，是以各以所長，相輕所短。（曹丕〈典論論文〉）
> 3. 夫迷途知反，往哲是與；不遠而復，先典攸高。（丘遲〈與陳伯之書〉）
> 4. 夫儉則寡欲：君子寡欲，則不役於物，可以直道而行；小人寡欲，則能謹身節用，遠罪豐家。（司馬光〈訓儉示康〉）
> 5. 夫當今生民之患，果安在哉？在於知安不知危，能逸不能勞。（蘇軾〈教戰守策〉）

6. 夫風無雄雌之異，而人有遇不遇之變。（蘇轍〈黃州快哉亭記〉）

句首的「夫」也可引出反詰，如例7：

7. 吾師道也，夫庸知其年之先後生於吾乎？（韓愈〈師說〉）

句中語氣助詞的「夫」，多用於舒緩語氣，不過因為「夫」本從代詞語法化或虛化而來，所以往往兼有指示作用，因此理解時，常常還可加上「那個」的語意，如例8、例9：

8. 客亦知夫水與月乎？（蘇軾〈赤壁賦〉）
9. 余於仆碑，又以悲夫古書之不存，後世之謬其傳而莫能名者，何可勝道也哉？（王安石〈遊褒禪山記〉）

至於句末語氣助詞的「夫」，功能和「乎」相近，既可表示感嘆，也可以表示陳述或疑問，表示感嘆的例子如例10、例11：

10. 向不出其技，虎雖猛，疑畏，卒不敢取；今若是焉，悲夫！（柳宗元〈三戒‧黔之驢〉）
11. 悲夫！有如此之勢，而為秦人積威之所劫，日削月割，以趨於亡。（蘇洵〈六國〉）

這種句末的「夫」，與「哉」一類的感嘆語氣助詞相較，感嘆的語氣比較平和、輕鬆。

另外，「夫」在句末亦可表示陳述的語氣，不過仍帶有詠嘆的意味，如例12：

12.率天下之人而禍仁義者，必子之言夫！（《孟子‧告子》上）

　　至於「夫」在句末表示疑問，通常也會帶有感嘆的成分，只是感嘆成分不強，因此顯得有點商量的意味，如例13：

13.子曰：「吾歌，可夫？」（《史記‧孔子世家》）

　　指導學生閱讀文言文的相關素材，遇到虛詞問題時，可利用上述的方式先歸納該虛詞的形式特徵（如：出現於句首、句中或句末）；再用比較法比較出相當於口語何種語言成分；最後由學生（或由老師）舉出已學過的相似用法的例子，以收融會貫通之效。

2　掌握表示賓語提前的結構助詞的作用

　　文言裡有一種常見的句式，就是賓語提前，而以結構助詞「之」、「是」、「之為」等，置於前置的賓語和原來的述語之間，如例14至例20：

14.父母唯其疾之憂。（《論語‧為政》）
15.無恥之恥，無恥矣。（《孟子‧盡心》上）
16.菊之愛，陶後鮮有聞。（周敦頤〈愛蓮說〉）
17.及長，不省所怙，惟兄嫂是依。（韓愈〈祭十二郎文〉）
18.主上屈法申恩，吞舟是漏。（丘遲〈與陳伯之書〉）
19.其一人專心致志，唯弈秋之為聽。（《孟子‧告子》上）
20.君子養心莫善於誠，致誠則無它事矣。唯仁之為守，唯義之為行。（《荀子‧不苟》）

例14至例16都以「之」為結構助詞，例17、例18以「是」為結構助詞，例19、例20則將結構助詞「之為」合用。這些例子裡的結構助詞，都表示賓語前置，而這種句式，有時為了表示賓語的唯一性，還會在賓語前加上表示僅只、唯獨意思的範圍副詞「唯」、「惟」，像例14、例17、例19、例20。

　　不過這種句式，在白話裡並未再行發展，所以口語裡如要使用類似的強調語意，一般只能沿用這種「唯……是……」的句型。

（二）應用文法知識解決文言文閱讀教學中「同構異意」的問題

　　文言文常出現同構異意（結構形式相同、語意解釋有異）的句式，教師如果能具備相關的文法素養，則對所有句式的解釋將迎刃而解。以下以同為述賓結構的形式，但其語意解釋有別的幾個例子作為說明[1]：

> 21.旌旗蔽空。（蘇軾〈赤壁賦〉）
> 22.明月別枝驚鵲，清風夜半鳴蟬。（辛棄疾〈西江月〉）
> 23.適燕者北其轅，……適越者南其楫……（張爾岐〈辨志〉）
> 24.既來之，則安之。（《論語・季氏》）
> 25.登東山而小魯，登泰山而小天下。（《孟子・盡心》上）
> 26.小人殉財，君子殉名。（《莊子・盜跖》）
> 27.君子死知己。（陶潛〈詠荊軻〉）
> 28.食人之食者，死人之事。（《史記・淮陰侯列傳》）
> 29.遂置姜氏於城潁，而誓之曰：「不及黃泉，無相見也。」

1　語句中，以「。」標示述語，「・」標示賓語。

　　　（《左傳・隱公元年・鄭伯克段於鄢》）

　30.而良人未之知也，施施從外來，驕其妻妾。(《孟子・離婁》
　　　下）

　31.石崇以奢靡誇人，卒以此死東市。(司馬光〈訓儉示康〉)

　32.帝感其誠，命夸娥氏二子負二山，一厝朔東，一厝雍南。
　　　(《列子・湯問・愚公移山》)

例21是一般的述賓關係，「（天）空」是「旌旗」遮蔽的事物；例22至
例24是「致動用法」，其主述賓間的關係是：「主語使賓語作述語的動
作，或具有述語表示的行為」；例25前後兩例都是意動用法，其主述
賓間的關係是：「主語認為賓語具有述語所表示的特質或狀態」；例26
至例28其主述賓間的關係是：「主語為賓語作出述語的行為、動作」，
賓語表示主語作述語行為的原因或目的，可稱「為動用法」；例29、
例30以及例31前例，其主述賓間的關係是：「主語對賓語作述語的行
為、動作」，賓語是主語作述語行為、動作的對象，或稱「對動用
法」；例31後例，「東市」是述語「死」的處所，因此可稱為「處所賓
語」，本例亦可將「東市」視為「於東市」（處所介賓結構）的省略形
式；至於例32表示的是一種被動的述賓關係。教師如能指導學生掌握
這些結構形式相同而語意解釋有異的述賓關係，對於文言文在閱讀理
解上有相當的助益。

二　文法知識在白話文閱讀教學中的應用

　　至於在白話文的閱讀教學中，文法知識也能提供相當的幫助，以
下從詞類活用與掌握語句的基本成分兩方面作說明。

（一）詞類活用的相關知識在白話文閱讀教學中的應用

　　詞類活用現象在白話文裡應用得相當普遍，又極為靈活，因此，能掌握詞類活用的規律，對於白話文的閱讀也有幫助。

1　當程度副詞遇到非形容詞與非心理動詞

　　白話裡的程度副詞不少，像：「很」、「十分」、「非常」、「極為」、「稍」、「稍微」等都是，其修飾對象，除了心理動詞之外，就只能出現在形容詞前面，作為對形容詞的修飾，例如「很高」、「極為陡峭」、「非常開心」、「十分頑固」、「稍不小心」、「微禿」等，因此一旦程度副詞出現在非形容詞又非心理動詞之前，即表示這個非形容詞臨時具有形容詞的用法，例如[2]：

> 33.姑且步黑暗的龍脊而下／用觸覺透視／也可以走完這一列中世紀／小葉和聰聰／撥開你長睫上重重的夜／就發現神話很守時／星空，非常希臘（余光中〈重上大度山〉）

「希臘」是專有名詞，但在詩人筆下，臨時具有形容詞的用法。這種情形，在口語裡相當普遍，例如「非常小人」、「十分君子」，甚至瘦身廣告還會說「身材很寫真集」，都可以用這個詞類活用的規律來解決。

2　當時態助詞遇到非動詞

　　漢語的時態助詞（或稱動貌助詞），通常出現在動詞後面，是表示動詞動作的持續、完成等的助詞。像「著」，表示動作的持續；

2　例句中以「。」標示程度副詞，以「・」標示活用為形容詞或表語的成分。

「了」、「過」，表示動作的完成或具有該經驗。這些助詞一般只出現在動詞的後面，因此如果非動詞後面出現時態助詞，多數表示時態助詞前面的非動詞要活用為述語，具有動詞的用法，例如[3]：

> 34.童年舊事，歷歷在目，而今早已年過而立，自然不再是涎著臉要求母親摺紙船的年紀。（洪醒夫〈紙船印象〉）
>
> 35.莫等閒白了少年頭。（岳飛〈滿江紅〉）
>
> 36.狐有異能，常常化無為有，未卜先知，豐富了愛情故事的情節。（王鼎鈞〈中國愛情〉）

例34「涎」本是名詞，後頭跟著表示時態的助詞「著」，因此活用為動詞，指「流著口水」；例35「白」、例36「豐富」原本都是形容詞，但它們的後面卻緊接著表示動作完成貌的助詞「了」，所以在這裡「白」、「豐富」分別都具有了動詞的用法，表示「變白」、「變得豐富」。

　　有些補語（又稱「補足語」）一般只出現在動詞或述賓結構後面，像表示趨向的補語「起來」、「下去」，或表示時間的數量補語「一下」、「一番」等；所以當非動詞後頭跟著這類的補語時，非動詞極有可能活用為述語，具有動詞的用法，例如[4]：

> 37.山朗潤起來了，水漲起來了，太陽的臉紅起來了。（朱自清〈春〉）
>
> 38.下工後的晚餐間，你照樣可以酒肉一番，照樣可以「比露」

3　例句中以「。」標示非動詞，以「·」標示時態助詞。

4　例句中以「。」標示非動詞，以「·」標示補語。

「比露」，說不定還會茅臺一下，或是竹葉青一下的。（張騰
蛟〈人物誌·工者廖〉）

「朗潤」、「紅」本都是形容詞（形容詞有幾項特點，例如：可以重
疊、可被程度副詞修飾、可有比較級、最高級等，這兩個詞都符合這
些特色），在例37裡分別出現在趨向補語「起來」之前，因此便具有
了動詞性，表示「越來越朗潤」、「越來越紅」。例38「酒肉」、「茅
臺」、「竹葉青」分別都是名詞，但「酒肉」出現在「一番」之前，是
指「喝一番酒、吃一番肉」，「茅臺」、「竹葉青」分別出現在「一下」
之前，則是「喝一下茅臺酒」、「喝一下竹葉青」的意思，所以「酒
肉」、「茅臺」、「竹葉青」都分別具有了動詞的用法。（按：其實本例
中「比露比露」也是詞類活用的例子，「比露」一詞和英文「beer」
在日語裡的音讀相近，在這裡作者直接以音近的漢字翻譯過來，是音
譯詞。而「比露」採取「ABAB」的方式重疊，跟一般雙音節動詞重
疊的形式相同，所以也活用為動詞擔任述語，本句句意指的是喝喝啤
酒。）

　　文章中運用詞類活用的方式來表達，往往可使形象更具體，語意
更鮮明，文章也就因而活潑、靈動起來，因此我們可以說如果不能掌
握詞類活用的機趣，就無法參透文章的美感與優點。

（二）掌握語句的基本成分有助於白話文語意的掌握

　　白話文學作品除了內容上各具特色之外，通常詞彙豐富，還有很
多的藻飾，這對於學生而言，有時會造成閱讀上的障礙，因為常會抓
不到語句的重點。因此老師在指導學生閱讀長句時，不妨想辦法帶領
學生先找出語句的基本成分，掌握語句最基本的意思，再利用層層堆
疊的方式，把語句裡其他的修飾成分完整的再次呈現，這方面需要教

師應用到文法方面在句型以及語句成分的掌握等的相關知識。請看以下這幾個例子：

> 39.東風　來了。（朱自清〈春〉）
>
> 40.花下成千成百的<u>蜜蜂</u>　嗡嗡地<u>鬧著</u>。（朱自清〈春〉）
>
> 41.<u>我</u>　好想念　<u>您</u>。（幾米〈我只能為你畫一張小卡片〉）
>
> 42.明亮、多采的<u>音律</u>，彷彿<u>驅除</u>了夏夜裡擾人的<u>蚊蚋</u>。（奚淞〈美濃的農夫琴師〉）
>
> 43.<u>妳</u>　也<u>有</u>一隻會聽妳訴說心事的<u>狗狗</u>。（幾米〈我只能為你畫一張小卡片〉）
>
> 44.<u>鳳凰木</u>　<u>是</u>熱帶地區受陽光、雨水嬌寵的<u>植物</u>。（蔣勳〈鳳凰木〉）
>
> 45.<u>風</u>　<u>輕悄悄的</u>。（朱自清〈春〉）
>
> 46.天上<u>風箏</u>　漸漸<u>多</u>了。（朱自清〈春〉）

例39至例46分別都只是一個單句，可是有簡、有繁：例39是一個敘事句，只簡單的告訴讀者「東風」這個「主體事物」「做了什麼」。例40也是敘事句，可是在主體事物「蜜蜂」以及主體事物的動作「鬧著」之前分別加了一些修飾成分。例41這個敘事句說出主體事物「我」的動作「想念」還涉及了一個對象「您」，而在動作之前加了一個程度的修飾成分「好」。例42雖仍是敘事句，可是作者在主語的中心成分「音律」之前，加上「明亮、多采」，讓它形象化，還把「音律」人格化，所以「音律」具有了「驅除」的動作，而且這個動作更涉及到「蚊蚋」，於是分別在句子中心成分的「音律」、「驅除」、「蚊蚋」之前，加上複雜的修飾成分。例43敘述的不是主體事物做了什麼，而是「主體事物」「擁有什麼」，因此是個有無句，而這句話基本的意思只

是「妳」「有」「狗狗」。例44敘述的既非「主體事物」「做了什麼」，
也不是「主體事物」「擁有什麼」，而是「主體事物」「是什麼」，換句
話說是對主體事物的解釋，所以是個判斷句，這句話基本的意思只是
「鳳凰木」「是」「植物」，可是作者在「植物」之前添加了許多修
飾。例45用來說明「主體事物」（「風」）「怎麼樣」（「輕悄悄的」），是
表態句的典型句式。而例46則在「主體事物」（「風箏」）以及「怎麼
樣」（「多」）之前都加了修飾成分。

　　從上面的這些例子，可以看出白話文在語句的基本成分之上添加
修飾成分之普遍，以及所添加的修飾成分之複雜性，因此，教師在進
行白話文閱讀教學時，可利用單句句型的相關知識，協助學生找出訊
息的焦點，以減少學生的閱讀障礙。同時，這部分的教學還可以延伸
到寫作教學上，例如可以在作過上述找出語句基本成分的相關練習之
後，利用寫作教學時，引導學生在自己的作品中，找出語句的基本成
分，或指定學生在一篇作文或短文裡要應用各種句型寫作，甚至規定
應用某種句型至少幾句以上，或是要求學生在某些類型的語句裡必須
具有修飾成分，以達到閱讀與寫作相輔相成、學以致用的效果[5]。

第三節　文法知識在寫作教學中的應用

　　寫作教學，不論是傳統式命題，或是非傳統式命題，例如近幾來
年相當盛行的限制式寫作，均講求積詞為句、積句成章或成篇的工
夫。前述對於長句先找出語句基本成分、再作層層堆疊的訓練，可培
養學生積詞成句的能力，但若要積句成章或成篇，除了文句要句句精
彩可讀之外，還要把這些句子條理的，也就是符合邏輯思維的組合起

5　有關句型教學的活動設計，請參見本書下編第二章。

來，才能成為完整的段落與篇章。在這方面，文法知識也可以派上用場，尤其非要具有複句關係方面的相關知識不可。因為文法知識應用在寫作教學中，一方面可以把「話」說得更精確，另一方面在寫作時，唯有恰當的運用各種複句句型的關聯詞語才能寫出通順的文章。因此寫作時如能掌握精確的複句關係，是有利於我們清楚的表達思想、傳達心中的意思。

　　要判別複句關係，主要在掌握其間的關聯詞語，但是學生作文中除了錯別字是最嚴重的缺失以外，恐怕複句關聯詞語誤用，所造成的邏輯思維混亂，才是最大的問題。筆者曾經在國科會的獎勵之下[6]，對國民義務教育階段的學童作文，作了抽樣的調查，以研究學童在語法與句型方面的表現，其中至少有以下兩個顯著的現象：一、不論國小或國中（該研究樣本取自於小三、小六與國二）階段，單句句型的使用，尤其表態句，相當貧乏，在許多樣本中極少出現表態句，容或有之，句子內部結構也非常簡單；二、複句的句型相當集中，國小階段小三主要集中在順承複句和補充複句，小六則使用最多的句型呈現順承、補充、因果三分的局面，而遞進複句的使用次數緊接其後；至於國中階段順承、補充、因果與遞進四種複句關係應用得相當普遍外，轉折複句也佔了相當大的比例。以下，就以這幾種複句類型可應用在寫作教學上的相關知識進行說明。

一　順承複句

　　順承複句又稱順接複句、承接複句或連貫複句，是以一個接一個的分句敘述連續發生的動作或事件的複句，這是一種在一般記敘文裡

6　現已改制為科技部。

極為常用的複句類型。常出現的關聯詞語是「而」、「則」、「然後」、「於是」、「便」、「就」、「也」等，也可以不用關聯詞語。（以下引文，均出自個人研究的作文樣本，為顧及著作權以及個人隱私，只說明樣本出自哪一地區，並另行將樣本編號，以編號代替樣本作者姓名；而關聯詞語使用正確者，在關聯詞語標上「。」號，若關聯詞語使用錯誤或可再斟酌，則標上「・」號。）

47.剛好我看見一個老婆婆，便好奇的問她……（中部國二樣本編號之14〈我最感動的一件事〉）

48.逛完了紅毛城，我們就到漁人碼頭。（北部小三樣本編號之11〈淡水一日遊〉）

49.我們一到監獄，解說員就開始解說。（北部小三樣本編號之32〈淡水一日遊〉）

50.一直等到我燒退了，媽媽才安心的睡了。（中部國二樣本編號之25〈我最感動的一件事〉）

51.媽媽就從冰箱取出冰塊弄在冰袋裡，然後就放在我的頭上，讓我冰敷。（中部國二樣本編號之25〈我最感動的一件事〉）

52.我走了過去，邀請她和我共舞，而她也欣然接受。（北部國二樣本編號之43〈我最感動的一件事〉）

53.天亮了，我在一片亮中醒來。（北部國二樣本編號之26〈生日的感動〉）

以上這些例子，都是符合順承複句構句原則的優良例子，它們有的只在第二分句中出現表示承接迅速的副詞「便」（例47）或「就」（例48），有的不但在第二分句使用副詞「就」，還在第一分句使用表示時間緊湊的副詞「一」（例49）；或在第二分句中加入表示「方才」、「然

後」意思的副詞「才」（例50）；也有在第二分句句首加上表示順次承接的「然後」（例51）、「而」（相當於「而後」）（例52）；例53則完全未加關聯詞語。其中「便」、「就」，更常與表示時間短暫的副詞「一」連用，形成「一……就／便……」的句式。至於同屬副詞的「才」雖也用在順承複句的第二分句之中，但語意和「便」、「就」有所不同，所以如果例50第二分句關聯詞語改用「就」，成為「一直等到我燒退了，媽媽就安心的睡了。」就不太通順了，因為如果第二分句使用「就」，表示的是兩分句的動作承接很緊密，所以第一分句只須說「等到我燒退了」即可，但如果第二句作「媽媽就安心的睡了」，這樣，顯得媽媽好像急於睡覺，也就顯不出母親為兒女生病的焦慮了。

二　補充複句

以前後兩個分句或是一問一答的分句互相補足其完整的意思，稱為補充複句。補充複句一般少用關聯詞語。

> 54. 說到我最感動的事情，應（「應」樣本原誤作「因」）該是努力之後得到成果的那份感動和喜悅吧！（中部國二樣本編號之12〈我最感動的一件事〉）
> 55. 在人的一生中，往往都會經歷到許多令人感觸深刻的事情，其中讓我最感動的事情，發生在我國小四年級的時候。（中部國二樣本編號之49〈我最感動的一件事〉）
> 56. 我們一到監獄，解說員就開始解說，解說員說重犯要被關在有窗子的監獄，輕（「輕」樣本原誤作「清」）犯則被關在沒窗子的監獄裡。（北部小三樣本編號之32〈淡水一日遊〉）

57.十二月十六日那一天，是○○國小三年級的校外教學，這次
的校外教學，是為了配合我們國語的第四課。（北部小三樣
本編號之36〈淡水一日遊〉）

補充複句是學生作文樣本中出現得相當普遍的複句句型，在國小部
分，小三出現次數僅次於順承複句；小六則次於因果、順承兩種複句
類型，居於第三位，但其間的數量其實相差不超過三十句，亦即在小
六的樣本中，這三種複句句型出現次數非常接近，而這類的句型，在
學生作文中，因為不必出現關聯詞語，所以也是複句關係錯誤最少的
一種複句。從上面的四個例子，應該可以略窺其全貌，縱使例56在邏
輯上可能說不通，因為重犯反而關在有窗子的牢房，而輕犯則關在無
窗戶的空間（也許是小朋友聽錯、記錯也說不定），但就整個複句關
係而言，並未出現顯著的錯誤。

三　因果複句

因果複句是以偏句或從句表示原因，正句或主句表示結果的複
句，常見的關聯詞語，出現在原因分句的是「因為」、「由於」，出現
在結果分句的關聯詞語常用「因而」、「所以」、「以至於」，可以兩個
分句都出現關聯詞語，也可以只出現在一個分句前，或者根本不用關
聯詞語。這類分句作文樣本可見如下的例子：

58.因為比平常人努力，於是在她七歲那年她已學會了一些簡單
的事物。（東部國二樣本編號之16〈我最感動的一件事〉）
59.我最喜歡的玩具是車子，因為他可以載我環遊世界。（中部
小三樣本編號之16〈淡水一日遊〉）

60.他因為家裡貧窮，而無法讀書。（中部國二樣本編號之24
　　〈我最感動的一件事〉）

61.他生的那種病，我們這些不專業的人，根本就沒辦法照顧
　　他，所以我的外婆就把他送去療養中心。（中部國二樣本編
　　號之14〈我最感動的一件事〉）

62.為了不讓她擔心，因此我也會自己照顧課業。（中部國二樣
　　本編號之49〈我最感動的一件事〉）

63.那時我的心很好奇，就用滑鼠把它按下去了。（中部國二樣
　　本編號之19〈我最感動的一件事〉）

64.多年以前的我，還是個被父母呵護在手心裡的小孩子，對於
　　想要的東西，我的父母也是盡其所能的滿足我。（北部國二
　　樣本編號之25〈生日的感動〉）

65.這個遊戲你覺得很好玩，而且會想要一直玩、一直玩、一直
　　玩，可是玩久了會讓你覺得眼睛很痛。（中部小三樣本編號
　　之15〈我最喜歡的遊戲〉）

因果複句在小三的樣本中使用次數居於第三位，而小六的作文樣本
裡，出現的次數最多，國中則出現次數僅次於順承複句，因此，在應
用上可算最成熟，可以先敘明原因再說結果，像例58、例60至例64，
也可以先說結果，再補敘原因，像例59；而關聯詞語的應用，也極為
多樣，甚至像例63、例64兩句，只憑以意相合，完全未使用關聯詞
語。不過我們也可以看到明明利用因果複句表達比較通順，卻誤用關
聯詞語的例子，像例65，如果說成「這個遊戲你覺得很好玩，所以會
想要一直玩、一直玩、一直玩，可是玩久了會讓你覺得眼睛很痛。」
從邏輯上來看會較通順。比較麻煩的是因果複句有時與順承複句之間
不易區別，因為原因往往發生在前，結果通常在後，而順承更是將事

情依時間或事理的先後順序依次陳述,所以在指導學生寫作時,應注意先後發生的事件有無因果的關係,若有因果的關係,不妨指導他們加上因果的關聯詞語;如果強調的只是事件先後依序發生,其間並無前因後果的關係,則可酌加表示順承的關聯詞語,如此便較易區別。

四　遞進複句

遞進複句在作文樣本中以具有加合關係者為大宗[7],具有加合關係的遞進複句,表示後一分句比前一分句更進一層,出現在第一分句的關聯詞語常用「不但」、「不僅」,後一分句則用「而且」、「並且」、「還要」、「更」等。樣本中見到如下的例子:

> 66.父親不但得努力工作,維持家中的經濟,更要照顧臥病在床的母親和我們。(中部國二樣本編號之49〈我最感動的一件事〉)
>
> 67.她的孩子已經是大人了,而且也有了好工作。(東部國二樣本編號之34〈我最感動的一件事〉)
>
> 68.其實「付出」是不用去了解的,要能認真的感受(樣本中「感受」之後原有「到」字),並用心去體會,更重要的是實際行動。(中部國二樣本編號之12〈我最感動的一件事〉)
>
> 69.她一直都沒有休息,也沒有離開過我的身邊。(中部國二樣本編號之25〈我最感動的一件事〉)
>
> 70.母親每次看到我們都會強忍病痛,露出一抹微笑。(中部國二樣本編號之49〈我最感動的一件事〉)

7　此種關係是狹義的遞進關係,又可直接稱遞進關係。廣義遞進關係中,另有「逼進複句」一個小類,也可以獨立成一類。

71.我看到觀音山原來是像一個躺著的觀世音菩薩，我還有看到
　　一個還沒有蓋好的捷運站。（北部小三樣本編號之32〈淡水
　　一日遊〉）

例66到例69，幾乎把遞進複句可用的關聯詞語都用上了，而例70雖然
未使用關聯詞語，但卻是這種句型極典型的句式；至於例71，只要用
關聯詞語「還」即可，「有」其實可以不必出現。這種複句適宜用在
對語意的強調上，因此若前後兩事具有遞進的意味，寫作教學時不妨
指導學生使用此種複句類型，以加強語意。

五　轉折關係

　　轉折複句以偏句或從句修正主句，表現其不協調的觀念或事實，
甚至截然相反的意思；或者以偏句或從句否定前句，表現一種始料所
未及甚至無可奈何的心情。關聯詞語在第一句常用「雖然」，第二分
句則用「而」、「然而」、「但（是）」、「可是」、「不過」、「卻」、「竟
然」等，偶爾也可不用關聯詞語。轉折複句是作文樣本中，除了前四
種常見的複句句型以外，使用得最多的句型，小三轉折複句在所見的
樣本中出現近九十句（但出現次數在轉折複句之後的，最多也不過三
十二句，其他句型多數都是十幾例甚或不超過十例），小六轉折複句
仍有一百六十餘例，在上述複句句型之外的其他複句句型數目只有一
種句型超過六十例。可見學生應用轉折複句時，也有相當的純熟度，
較值得提出來討論的例子如下：

72.我覺得我很正常啊，可是我的怪異個性（「性」樣本原誤作
　　「姓」）和脾氣，卻讓我的父母生氣傷心了好幾年。（東部國
　　二樣本編號之32〈我最感動的一件事〉）

73.在她的學習過程中有許多障礙，但是她卻克服了一切。（東部國二樣本編號之16〈我最感動的一件事〉）

74.這次的段考，大家考得非常不好，她竟然罵我們罵到哭了。（中部國二樣本編號之12〈我最感動的一件事〉）

75.這（「這」樣本原誤作「正」）件事看似（「似」樣本原誤作「是」）平凡，不過卻給我帶來很大的啟示。（北部國二樣本編號之31〈我最感動的一件事〉）

76.我們玩了很多很多的遊戲，可是我們沒有吃很多東西。（北部小三樣本編號之21〈淡水一日遊〉）

77.隔日，雖然生日到了，但我卻一點也不開心。（中部國二樣本編號之17〈我最感動一件事〉）

78.母貓急著對在外的人們呼救，卻沒人聽到。（中部國二樣本編號之22〈我最感動的一件事〉）

79.這應該算是一件值得慶幸的事，可惜好景不常，母親的病情逐漸惡化。（中部國二樣本編號之49〈我最感動的一件事〉）

80.（我的爸爸）總是在公司忙了一整天，拖著疲憊（「疲憊」樣本原誤作「狼狽」）的身軀回家，而我們這些做子女的，也很少會體會到爸爸的辛勞及努力。（北部國二樣本編號之22〈我最感動的一件事〉）

例72至例79都是頗為不錯的轉折複句類型，不但句式相當熟練，而且除了例79不用關聯詞語以外，其餘的例子幾乎把可用的轉折關聯詞語都用上了，因此，可以說雖然出現的例句較少，但在國民教育階段，對轉折複句的使用，尤其到國二階段，應該不成問題。可是我們也看到像例80一樣，關聯詞語本應用「而……卻……」，卻誤用了「而……也……」的例子。

　　由上面的這些例子，不難看出寫作教學時，如果教師能指導學生掌握複句的重要關聯詞語，對於寫作時的條理性與邏輯性，均有正向的效果。

第四節　結語

　　由上面的說明，可見舉凡詞類區分的相關知識、單句句型、語句成分、複句關係等文法知識，與閱讀與寫作教學都有相當密切的關係。培養學生文法方面的知識，不只在讓學生應付各類考試，更可以幫助學生在閱讀時準確地提取文本的訊息，理解文章的意涵，在寫作時也能清楚而明確的表達自己內心的意思。因此國語文教師本身，能具備文法學的相關素養，應用於閱讀與寫作教學中，的確相當重要，對於學生國語文程度的提升具有正面的效益；更因為國語文學科是多數學科的基礎，所以也可間接提升學生其他領域、其他學科的學習成就。

下編

第一章
詞類教學活動設計

第一節　寫在詞類教學活動設計前面的話

　　多年以來，一方面因為與中學國文教科書的編寫工作結下不解之緣，另一方面也因為在系裡的教學碩士班教授跟語法教學或研究有關的課程，所以常有機會面對基層的國文老師。老師們對於語法或語法教學有下列幾種情況：

　　有些老師在大學時代受過國文文法的基礎訓練，或即使未受相關的訓練，但由於平日自己進修，因此對語法的相關理論有一定程度的了解。所以在國文教學過程中遇到必須處理的語法問題，往往無需費力即可迎刃而解。

　　有些老師在大學時代或曾有過一些國文文法的基礎訓練，語法的基本知識還能掌握，但是運用在教學上卻覺得力不從心，因為知其然與知其所以然、讓學生「懂得」，中間往往有一些的距離。

　　另有些老師情況比較特別，既未接受過國文文法的基礎訓練，在平時的進修又未刻意留意這個領域，於是國文教學裡遇到跟語法有關的問題，只能頭痛醫頭，腳痛醫腳，臨時找一些坊間的參考書來應急；但是參考書上的解說，又常常人言人殊。於是不論是在課文讀講時需要處理的語法問題，或是語文常識裡的語法教學，便成為一個揮之不去的惡夢。

　　因此，以下擬結合語法的基礎理論，從多元的視角設計國文語法教學的相關活動，希望能為在基層致力於語文教育的工作夥伴，提供

一些參考；重要的是誠心希望我們的學生在這樣的學習過程裡，能輕鬆、自然的學習本國語文語法方面的相關知識，真正體認自己使用的這個語言的特質，而不再認為「語法」難學、難懂，使得所有的相關學習，只是應付考試而已。

　　詞類教學，不宜只是對學生強調某一個詞屬於哪個詞類，也不是像歸納公式一般，只告訴學生某一個詞類有哪些特性；應該是要引導學生在自然的語文學習環境中，領會各種詞類的特徵及其句法功能。

　　以下將先從認識「詞類家族」入手，引導學生了解「詞」跟人類的家族一樣，每個「族類」都有自己的成員[1]。其次以認識實詞的名詞、形容詞、動詞、數量詞等為例，設計各種詞類教學的相關活動。每個教學活動分別設定「教學目標」，在「教學活動」方面，採逐步說明的方式陳述；另一方面，也針對教師在操作時可能發生的狀況，或應注意的事項等進行統整、說明，有些活動並附有學習單。

第二節　認識詞類家族

（一）教學目標

　　（1）認識名詞、形容詞、動詞等詞類，並能舉出合適的例子。

　　（2）了解名詞、形容詞、動詞等詞類的定義。

（二）教學活動

　1. 教師事先準備與學生人數數量相等的彩色筆或簽字筆，筆尖要粗一點；同時準備約學生人數兩倍數量的A4大小的紙張[2]；並將學生座位調整成圓形或馬蹄形。

1　這部分的基礎理論請參看上編第三章詞類概述。

2　紙張只要一面空白，可以書寫即可；準備的數量多一點，是預防學生寫錯、可能的耗費。

2. 活動開始前發給學生每人彩色筆或簽字筆一枝，紙張若干張，主要視老師準備的張數，以及班級學生人數而定。一般班級人數達30人的，只要一張即可；若學生人數少，為避免寫出來的詞太少，可發兩張，讓活動進行比較熱烈。

3. 請學生以彩色筆在發下的白紙上寫一個此刻最想寫的詞。老師可先示範，字的大小與筆畫要能讓全班同學都能看清楚。

4. 寫完詞後，把紙張高舉在胸前讓全班同學都能看見。

5. 計時開始後，請學生以最快的速度和寫同一類詞的同學站在一起，組成「詞類家族」。

6. 計時結束，萬一有學生落單，請先出列。班級人數少時，非落單的同學可再進行第二輪活動，寫詞，找「詞類家族」。

7. 全班一起檢查，看看是不是有人跑錯詞類家族；並歸結出這些詞類家族所屬的類別名稱。

8. 落單的或跑錯家族的同學要為大家表演。或者看哪一排（組）落單的或跑錯家族的同學最少，即為本活動的優勝組。

9. 活動完後，完成「詞類家族學習單」。

（三）教師進行歸納說明

　　教師根據歸納出來的詞類家族，引導學生說出名詞、動詞、形容詞的定義與名稱，並指導學生完成「詞類家族學習單」。

（四）本活動可能遇到的問題

　　學生所寫的詞，大抵不出名詞、動詞、形容詞這三類；萬一學生寫出這三類以外的詞，我們在學習單中預留了一格，可先將它們保留在那裡，等到未來適當的時機再提出來討論。

　　學生在進行本項活動時，對於詞類的判定，可能出現的狀況有二：一是像：「愛」、「恨」、「醉」、「病」、「喜歡」、「興奮」等表示心理狀態的動詞，跟形容詞之間不易區分；二是有些動詞或形容詞兼有

名詞的用法[3]，所以在動詞與名詞間，或形容詞與名詞間的判定，也可能有狀況。遇到這兩種情形，只要學生能明確的說出自己的那個詞何以要置入該詞類家族中，表示已了解該類詞的性質即可。

3　有些動詞兼具名詞的語法特徵和語法功能，例如：包、報導、裁判、稱呼、計畫、設計等動詞，可以表示一種動作、行為，又可以指稱一種具體事物，詞義關係密切，前一種用法是動詞，後一種用法是名詞。又如：比喻、愛好、變化、更正、教育、判斷等動詞，可以受數量詞和部分形容詞（好、大、多、嚴重、正確等）的修飾，動詞如果這樣使用，就不具有動詞的語法特徵（動詞的語法特徵請參見上編第三章第三節有關動詞的敘述），而成為名詞。這種詞屬於動詞與名詞的「兼類詞」。同樣的有一部分形容詞也兼有名詞的用法，像：橫、豎、規矩、困難等，既可以用來形容名物的性狀，又可以用來指稱一個具體事物，或具有名詞的某些語法特徵，就成了形容詞與名詞的兼類。（參見劉月華等《實用現代漢語語法》頁103-105，頁130）落單的或跑錯家族的同學，有可能寫的是這類的詞。

詞類家族學習單

_____班　_____號　姓名：_____

（一）剛才進行遊戲時，你想到的詞是什麼？請你把它寫出來：

_____

（二）你寫的詞可以跟哪些同學所寫的詞放在同一個詞類家族裡？請
　　　列舉出10個來：

（三）你還發現有哪些詞不在你的詞類家族裡？請你指出來，並為它
　　　們另外成立不同的詞類家族：

老師的小小叮嚀：

　　詞跟人類一樣，也可以有它們的家族。在詞類家族裡，有的成員
可以表示人或各種事、物的名稱，有的成員可以表示人物的行為或動
作，而有的成員表示的是人或事、物等的性質或狀態。

（四）表示人或各種事、物的名稱的詞，我們稱它們為＿＿＿＿＿＿詞，
　　　表示人物的行為或動作的詞，我們稱它們為＿＿＿＿＿＿詞，
　　　表示人或事、物等的性質或狀態的詞，我們稱它們為＿＿＿＿詞。

第三節　給各種事物一個名字──認識名詞的進階活動

（一）教學目標

　　（1）強化對名詞的認識。

　　（2）了解名詞在語句裡能擔任的語法成分。

（二）教學活動

　1. 教師準備一個約含有五十個名詞的小詞庫，詞的數目可依班上學生人數多寡自行調整。詞的來源，可以從學生「詞類家族學習單」中的名詞整理出來，也可以由教師自行規劃，並將這些詞書寫在海報紙或製作在投影片上。

名詞的小小詞庫：

劍	船	錢	帆	魚	書		
手心	脖子	頭髮	耳朵	眼睛	大腿	尾巴	
桌子	書包	鉛筆	圓規	直尺	眼鏡	口袋	棒球
包子	稀飯	蘋果	橘子	香蕉	點心	餅乾	
房子	教室	客廳	臥室	廚房	書房		
母親	孩子	爸爸	老師	學生	朋友	阿姨	外祖母
高跟鞋	冷氣機	腳踏車	日光燈	口香糖	巧克力		
老虎	猴子	孔雀	無尾熊	長頸鹿	動物園	國王企鵝	
想法	印象	童年	價錢	感情	時光	哲學	

---

　2. 教師利用詞庫裡或詞類家族活動所出現的動詞、形容詞，造出類似下列句子，寫在另一張海報紙上或投影片上。

　　1.（猴子）A1吃（香蕉）A2。

　　2.（外祖母）B1買（高跟鞋）B2。

3.（爸爸）C1的（口袋）C2裡有（錢）C3。

4.（孔雀）D1很漂亮。

5.（無尾熊）E1的（眼睛）E2很可愛。

3. 將全班同學分成五至六人一組，各組分別從詞庫裡選出合適的詞，替換上面五個句子裡（　　　）中的成分。

4. 教師說明本項活動的規則：

一、可以只替換句中的一個成分，也可以同時替換句中（　）裡的所有成分。

二、同一個詞，可以在不同句子裡的（　）中重複出現。

三、經過詞的替換以後所完成的句子，必須有意義可說。

四、每個例子請替換出五個不同的句子。

5. 完成上述的活動後，請學生先想一想，再回答問題：

一、詞庫裡哪些詞可以各自出現在 A1、B1、C1、C2、D1、E1、E2的（　）裡？哪些詞可以各自出現在 A2、B2、C3的（　）裡？

二、C1和 C2、E1和 E2之間具有什麼關係？

三、詞庫裡有哪些詞既可出現在 A1，又可出現在 B1裡？

四、哪些詞只能出現在 A1，卻不能出現在 B1裡？為什麼？

五、哪些詞既可出現在 A2，又可出現在 B2裡？哪些詞只能出現在 B2，卻不能出現在 A2裡？是什麼原因造成的？

六、可以出現在 C3的詞，有沒有也可以出現在 A2、B2裡的？請你舉出來。

七、詞庫裡有沒有詞同時能分別出現在 A1、B1、C1、D1、E1裡？你知道是什麼原因嗎？請試著說說看。

（三）教師進行歸納說明

　　上面的活動，主要引導學生從名詞可以出現的語句環境中，體會、歸納名詞的語法特徵與語法功能。所以教師在說明時，宜指出：詞庫裡的詞都是名詞。名詞可以出現的語法環境，例如：凡出現在A1、B1、D1位置的都擔任句子的主語，出現在 A2、B2、C3的都是賓語；而 C1與 C2，以及 E1與 E2，分別構成廣義的修飾與被修飾關係，這種修飾關係與「形容詞＋名詞」的狹義修飾關係不同：「C1的C2」表示前者擁有後者的「領屬關係」，「E1的 E2」則表示後者是前者一部分的「全體與部分」的關係。這種結構名叫「偏正結構」（或稱「主從結構」、「偏正短語」），在前的成分是定語（或叫「附加語」），在後的稱中心語（又稱「端語」）。但是教師在此不必把這些術語告訴學生，只要學生能理解「誰擁有什麼」之類的語意即可；而且教師也可以視學生情況，將「回答問題」的題目作一些刪減、調整。

　　教師還可以依學生的程度與學習狀態，決定是否要作名詞小類的介紹。

　　「母親」、「孩子」、「爸爸」、「老師」、「學生」、「朋友」、「阿姨」、「外祖母」是對人的稱呼；「劍」、「船」、「手心」、「脖子」、「桌子」、「書包」、「高跟鞋」、「冷氣機」、「老虎」、「無尾熊」、「國王企鵝」等是稱呼事物的名詞。這些都是具體的，也往往可數，屬於一般名詞。

　　有些名詞是專屬於某人、某地或某一種事物，例如：「曹操」、「愛因斯坦」、「排灣族」、「香港」、「美國」、「揚州」、「黃鶴樓」、「相對論」，是專有名詞。

　　表示事物名稱的名詞，有的比較抽象，例如：「想法」、「印象」、「童年」、「價錢」、「感情」、「時光」、「哲學」等，稱為抽象名詞。相對的，前舉的一般名詞、專有名詞的例子，就比較具體，則可歸具體名詞。

有些名詞表示時間，例如：「夏日」、「冬天」、「今日」、「上午」、「下午」、「夜裡」等，又稱時間詞；而「東」、「西」、「南」、「北」、「前面」、「後面」、「左」、「右」、「上」、「下」等，則是表示方位的名詞，簡稱方位詞。

以上對於名詞小類的區分，教師可依各班學生程度與學習狀況自行調整，學生程度沒有問題，可以英文文法對名詞的分類作為基礎，進行歸納、分類；若學生能力無法負荷，則不必介紹。

（四）可能遇到的問題與活動注意事項

由於在教學活動中，已經說明經由詞的替換以後所完成的句子，必須有意義可說，所以本項活動可能出現的問題應該較少。同時這項活動中，對於各組所替換的句子，可以採取同儕互評的方式，讓各組交換檢覈所替換完成的句子是否符合規定，並利用口頭報告的方式，試著說出符合規定或不符合規定的理由，讓學生不僅能知其然，還要知其所以然，對名詞有更為完整的了解。

第四節　名詞的親密朋友——認識形容詞的進階活動

（一）教學目標

（1）強化對形容詞的認識。

（2）了解形容詞的語法特質。

（二）教學活動

1. 教師先行準備一個約50個形容詞的小小詞庫，詞的數目可依班上學生人數多寡自行調整。詞的來源，可以從學生「詞類家族學習單」中的形容詞整理出來，也可以由教師自行規劃，並將這些詞書寫在海報紙上或製作在投影片上。另外，再從名詞的詞庫中舉

出幾個名詞，以方便與形容詞進行比較。並將全班同學分組進行
「給你一把尺」的活動。

形容詞的小小詞庫：

紅	小	直	淺	澀	老

清楚	老實	漂亮	整齊	乾淨
熱鬧	安靜	明亮	和氣	辛苦
孤獨	和平	小心	簡單	真實
朦朧	甜蜜	平靜	客氣	彎曲
雪白	蠟黃	焦黑	白淨	光亮
糊塗	嚕嗦	小氣	古怪	
寒冷	謙虛	珍貴	黑暗	困苦
狹窄	潮濕	平坦	耀眼	幽默
古老	富有	袖珍	柔和	麻辣
尷尬	遙遠	困難	偉大	英明

了不起　　無厘頭　　孩子氣　　受不了
香噴噴　　冷霜霜　　白茫茫　　紅通通
婆婆媽媽　　慢條斯理　　小氣巴拉　　糊裡糊塗
桌子　　爸爸　　圓規　　稀飯　　冷氣機　　巧克力　　無尾熊

2.活動內容：

給你一把尺，這把尺上沒有刻度，只有下面幾個詞：

很　　　　十分　　　　非常　　　　比較　　　　最

請你把尺上的這些詞，分別放在小小詞庫裡的每一個詞前面，
例如：

很紅	十分紅	非常紅	比較紅	最紅
很麻辣	十分麻辣	非常麻辣	比較麻辣	最麻辣
很了不起	十分了不起	非常了不起	比較了不起	最了不起

　　＊很桌子　　十分桌子　　非常桌子　　比較桌子　　最桌子

　　＊很無尾熊　十分無尾熊　非常無尾熊　比較無尾熊　最無尾熊[4]

3. 腦力激盪：

　　將這把尺與詞庫裡的詞進行組合之後，請你看看：小小詞庫裡哪

　　些詞在量尺上都可以通行無阻？哪些詞是一個檢驗也通不過？通

　　不過的那些詞主要屬於什麼詞性？

（三）教師歸納說明

　　詞庫裡的詞，可以通過那把尺的檢驗的，主要是形容詞。形容詞

是表示人或事物的性質或狀態的詞[5]。

　　在量尺上的那幾個詞，其實可以說明多數形容詞的特質：形容詞

可被特定的某一小類詞修飾，尺上的「很」、「十分」、「非常」都表示

程度高，詞庫裡除了名詞以外，都可以通過尺上這三個詞的檢驗。這

些詞也可以通過「比較」的檢驗，表示它們都可以有比較級；至於尺

上另一個詞「最」，則表示它們可以有最高級。

　　一部分單音節和雙音節的形容詞，可以重疊，單音節形容詞重

疊，通常會在後面加「的」；雙音節形容詞的重疊方式，主要是

AABB，少數也有 ABAB 的形式[6]。

（四）延伸活動：疊疊樂之一

　　以分組的方式，請各組將詞庫裡的形容詞分別重疊看看，詞庫中

有一部分的單音節形容詞可重疊，而雙音節形容詞可以用 AABB 的

方式重疊，例如：

4　加「＊」表示這是錯誤的例子。

5　「性質」通常比固定，相較之下，「狀態」往往是臨時的，可以改變。

6　ABAB 的重疊形式是動詞的主要重疊方式，有些形容詞以 ABAB 的方式重疊時，可
　　能具有動詞的用法。也有部分形容詞會以 ABAB 的方式重疊，相關的介紹請參見上
　　編第三章詞類概述有關形容詞語法特徵的描述。

　　　　紅 → 紅紅的　　　　澀 → 澀澀的　　　　老 → 老老的
　　　　明白 → 明明白白　　和氣 → 和和氣氣　簡單 → 簡簡單單

詞庫中少數形容詞是以 ABAB 的方式重疊的，例如：

　　　　雪白 → 雪白雪白的　蠟黃 → 蠟黃蠟黃的　焦黑 → 焦黑焦黑的

但是有的形容詞不能重疊，或很少出現重疊的用法，例如：

　　　　？困難 → 困困難難、困難困難
　　　　？偉大 → 偉偉大大、偉大偉大
　　　　？黑暗 → 黑黑暗暗、黑暗黑暗

　　而三音節以上的形容詞，大多不能重疊，少數能重疊的，只能以全詞反複出現的方式重疊，例如：

　　　　了不起 → 了不起呀了不起
　　　　無厘頭 → 無厘頭無厘頭的

（五）本活動最後的統整、說明
　　活動進行完畢後，教師作最後的統整，並請各組完成自己的形容詞詞庫。最後統整的目的在歸納出形容詞的特點，形容詞具有下列的特點：
　　1.形容詞可以被「很、非常、十分、極為」等程度副詞修飾；
　　2.形容詞可以有比較級和最高級；
　　3.多數的形容詞可以重疊。

第五節　追、趕、跑、跳、蹦——認識動詞的進階活動

（一）教學目標

（1）強化對動詞的認識。

（2）了解動詞在語句裡能擔任的語法成分。

（二）教學活動

1. 教師先行準備一個約五十個動詞的小小詞庫，方法與建立形容詞詞庫相同，但可以不必準備非動詞[7]。

動詞的小小詞庫：

提	撿	拍	捧	掀
吃	吹	咬	哭	嚼
看	眨	聞	跳	聽
躺	靠	踢	飛	挽
唱	嗅	讀	寫	猜
游泳	打滾	行動	鼓吹	奔跑
修理	眺望	閱讀	拿捏	行走
活動	打掃	表演	伸展	商量
站立	嘔吐	攀登	捆綁	打探
敲打	縫補	躲藏	填補	挑揀

2. 分組活動：

超級比一比：

請將全班同學分成五至六人一組，並將詞庫裡的詞，分別書寫或列印在紙片上，作為超級比一比的題目；每組由第一位代表分別抽取單音節與雙音節各一定數目的詞作為題目。各組所拿到的題

7　因為要進行下面的「比一比」活動，所以設計的詞庫不妨以動作或行為的動詞為主。

目可以完全不同，也可以部分相同；只有第一位成員知道題目內容，用「比一比」的接力方式進行比賽。教師規定每位成員可以用手比劃一個詞的時間，第一位成員先說明題目的字數，之後進行比劃。第一位成員比劃完第一道題目，其餘成員依此方式、循序把題目接力詮釋下去，至組內最後一名成員把猜到的答案寫在紙上。按照這個活動方式，再由第一位成員比劃第二道題目，直到所有題目都比劃完畢。全班一起統計各組最後一位成員答對的題數，答對最多的組為優勝。

3. 腦力激盪：

分組活動後，請回答下列問題：

一、詞庫裡的這些詞，在查字典的時候，主要集中在哪些部首裡？

二、請你想一想：這些詞有什麼共同的特點？它們的特點和部首之間有無關係？為什麼？

（三）教師歸納說明

本詞庫裡的詞，都是動詞。動詞是表示人或事物的動作、行為、存在、變化或類屬關係等的詞。

動詞是一個頗為複雜的詞類，它的數量很多。我們說的話，差不多每一個句子都有動詞。

詞庫裡的動詞，多數都可以用行為、動作直接表達出來，像：提、吃、看、修理、敲打等，是表示動作、行為的動詞。

不過，有些動詞雖然也可以感受到它的動作性，但因為這些動詞主要表示人的心理活動或狀態，所以較難直接用行為、動作表現出來，例如：愛、恨、討厭、喜歡、想念、羨慕、思考、忘記、餓、渴等。

有些動詞只能表示存在或變化，例如：有、存在、出現、消失等。

而有些動詞具有方向性，例如：來、去、進、出、起來、下去、出去、進來等。

另有一些動詞極為特別，例如「是」只表示判斷；「像」、「等於」可表示其前後兩個成分具有相似、相等的關係；而「有」則往往表示擁有或一種存在的關係。

（四）延伸活動：疊疊樂之二

1. 完成動詞詞庫：每組的成員各舉出若干個動詞，去除重複的之後，各組自行彙整為一個小型動詞詞庫。

2. 請各組將自己動詞詞庫裡的動詞分別重疊看看，之後再回答後面的問題。動詞詞庫裡的詞，主要這樣重疊：

    提 → 提提

    吃 → 吃吃

    看 → 看看

    修理 → 修理修理

    活動 → 活動活動

有些還可以這樣重疊：

    敲打 → 敲敲打打

    挑揀 → 挑挑揀揀……[8]

8　劉月華等（2007：89）曾提到：雙音節動詞以詞為單位進行重疊，即「ABAB」式。這裡能以 AABB 方式重疊的動詞，我們認為其內部結構的緊密程度較差，也就是當雙音節動詞兩個並列的語素仍保有各自的意義時，就可用 AABB 的方式重疊，換句話說，我們看到的現象，其實是兩個語素的各自的重疊，例如「挑揀」指既「挑」又「揀」，「敲打」指的是又「敲」又「打」，所以兩個語素各自重疊。

有些根本不能重疊：

嘔吐、站立……

3. 回答問題：

　一、請比較看看，再說出來：動詞重疊和不重疊，你感覺其間有
　　　沒有差別？為什麼？[9]

　二、單音節動詞重疊之後，可以在其間加入什麼詞？

　三、雙音節動詞主要以什麼方式重疊？可以在其間加入什麼詞？

　四、如果想在重疊的動詞之後，再加上一個動詞，可以加上哪一
　　　個動詞？單音節重疊動詞和雙音節重疊動詞，後頭所加的
　　　「動詞」有什麼分別？

4. 請各組學生用該組名詞詞庫和動詞詞庫裡的詞，造出十個句子。
　例如：

　　1. 爸爸修理冷氣機。
　　2. 國王企鵝吃魚。
　　3. 阿姨喜歡巧克力。
　　4. 猴子行走。
　　5. 學生嘔吐。

5. 思考大進擊：

9　動詞重疊的意義和作用非常複雜，對於已發生的動作，通常表示時間短、量少；對
　於尚未發生、尚未完成的動作則或表示嘗試，或表示持續；若為經常性的動作，則
　有輕鬆、隨意的意味。參見本書上編第三章詞類概述有關動詞重疊的說明，以及劉
　月華等（2007：89-92）。

有些句子，由「名詞＋動詞＋名詞」組成，例如例1、例2、例3三句；而有些句子只需要「名詞＋動詞」即可，像例4、例5兩句。如果例1、例2、例3三句話動詞後面不加名詞，或例4、例5後面再加上一個名詞，意思通順嗎？為什麼？

（五）本活動最後的整理

本活動設計依據上編第三章的理論基礎，讓學生了解動詞在句子裡常出現的位置，可以間接歸納出動詞所具有的語法功能；另一方面利用動詞可以重疊的特性，讓學生在活動中親自歸納出雙音節動詞重疊的規則，並體會動詞重疊與不重疊在意義和作用的轉變。

第六節　歡喜購物去──認識數量詞

（一）教學目標

（1）認識數量詞。

（2）了解數量詞的語法功能。

（二）教學活動

量詞是漢語的特點之一，但在以漢語為母語的人而言，應不具有太高的難度。因此，在這裡設計「歡喜購物去」學習單，主要希望學生在完成學習單後，能從數量詞與名詞或數量詞與動詞的配合中，掌握數量詞的語法功能。

（三）教師歸納說明

表示名物的數目的詞是數詞，表示事物或動作的數量單位的詞叫量詞，兩者合稱數量詞。中文習慣上在計算事物或動作的次數時，會在數詞之後加上量詞，其他語言少有這種現象。

歡喜購物去

_____班　_____號　姓名：_____

一、到學校的福利社去，你能買到什麼東西？請列舉出六樣來：

_____　　_____　　_____

_____　　_____　　_____

| 張 | 條 | 本 | 枝 | 粒 | 塊 | 把 | 顆 | 個 | 片 | 件 | 根 | 頂 | 套 |
| 瓶 | 罐 | 杯 | 盒 | 包 | 碗 | 桶 | 打 | 袋 | 疊 | 箱 | …… | | |

二、你買到的這些東西，在計算數量時，必須在數字和物品的名詞中間加上表示這些物品的單位，請從上面的方格子裡找出恰當的單位來使用，並將它們寫在下面的格子裡；萬一上面的格子裡找不到恰當的單位，請你自行補出來：

我買了：

一（　　）_____　　兩（　　）_____　　三（　　）_____

五（　　）_____　　七（　　）_____　　九（　　）_____

老師的話：

　　在上面的格子裡，出現在物品前面的數字和單位，叫做「數量詞」。

　　數量詞可以用來表示人、事、物的數目，計算人、事、物或行

為、動作的單位，例如：三張、五本、十枝、一百個、幾萬顆、半粒、第一本、第七箱、三趟、六次等。

　　數量詞也是詞類家族的成員，它們大部分跟名詞的關係極為密切，少部分喜歡跟動詞在一起。

三、填填看：數量詞與名詞或動詞的配合練習

（　　　　）老師	（　　　　）雨傘	（　　　　）狼狗	（　　　　）玫瑰花
（　　　　）小說	（　　　　）帽子	（　　　　）球賽	（　　　　）原子筆
（　　　　）鏡子	（　　　　）白馬	（　　　　）銅幣	（　　　　）花生米
（　　　　）泥土	（　　　　）樓房	（　　　　）松樹	（　　　　）熱咖啡
（　　　　）報紙	（　　　　）文章	（　　　　）獎盃	（　　　　）沐浴乳
（　　　　）眼鏡	（　　　　）米飯	（　　　　）小菜	（　　　　）洗澡水

寫得（　　　　）好字　　　　　　　說得（　　　　）流利的英語

來回（　　　　）都沒有結果　　　　再練習（　　　　）就熟悉了

像這種人，豈只是說他（　　　）就會改過？非得狠狠臭罵他（　　　）不可。

第七節　詞類教學總結

　　以上的各項活動，第二節至第四節，除了老師必要的講解與說明之外，主要透過合作學習，讓學生在分組活動中，完成相關的詞庫，並且能利用詞庫裡的詞造出句子，體會並說出名詞、形容詞、動詞等詞類的部分特點。

　　評量時，可採用非紙筆測驗或多元評量的方式，例如：腦力激盪和回答問題的部分，先由小組討論，再彙集為整體意見，作成口頭報告或整理成書面的資料、完成學習單等。對於各組所完成的詞庫、替換、造出的句子，可以採同儕互評的方式，讓各組交互檢覈詞庫裡的詞是否正確，所替換、完成的句子是否符合相關的規定，並利用口頭報告的方式，試著說出正確與否以及符不符合規定的理由。老師還可以從上述活動中觀察學生參與活動是否用心，語感是否正確等，以便在需要時作為追蹤、輔導或補救教學的參考。

第二章

句型教學

　　本章擬從學生做中學的視角，設計以單句為中心的句型教學活動。
　　第一節活動設計的重點在詞與詞的組合，希望學生透過詞與詞的組合，了解到什麼是「句」，也能說出某些組合不能成為「句」的理由。第二節，則透過國文範文中的句子設計活動，讓學生先行忽略各種不同句型所帶的修飾成分或補充成分，以找出基本成分；在找出句中基本成分的活動中，能說出各種句型的基本成分，並能掌握句子表述的最基本的意思。掌握句意，是閱讀教學的基礎，因為必須懂得句子的句意，才能擴及到段意，乃至篇章大意。第三節則設法將閱讀與寫作作一個簡單的聯繫，設計以基本句型進行添加枝葉的活動，讓句意更豐富，這是寫作教學最初步的訓練。

第一節　積詞成句的學習活動

　　本活動是下編第一章詞類教學「認識詞類家族」的延伸學習。從已完成的「認識詞類家族學習單」入手，進行活動設計。
　　利用「積詞成句學習單」引導學生體會組詞成句的過程以及句與非句的差別。
（一）教學目標
　　（1）能利用名詞、形容詞、動詞組成句子。
　　（2）能分辨「句」與「非句」。

（二）教學活動

1. 將學生座位調整成圓形或馬蹄形，中間空出較大的完整空間。

2. 學生拿出完成「詞類家族學習單」時所寫的詞，請數名寫名詞的同學出列到挪出來的空間前方。

3. 將寫出「非名詞」的其他同學分為若干組。請其中一組拿著自己所寫的詞，在限定時間內站到任一位名詞同學的前方，手上的詞要與那位同學所寫的名詞組成一個句子。若無法組成句子，可邀請持其他詞的同學加入，以便組成句子。

4. 老師帶領他組同學，檢視該組組成的「句子」，通過一句即得一分，檢覈完畢，小計整組得分。

5. 「非名詞」組的同學分組依次進行本活動。

6. 活動結束後，得分最高的組獲勝。

7. 若學生人數不多，也可以讓所有「非名詞」同學同時進行本活動第3流程，並由老師領全體同學共同檢覈組成的「句子」是否合格。

8. 萬一產生「不合格」的句子（即無法成「句」），將「不合格」的句子書寫下來，共同檢視何以不合格，並完成「積詞成句學習單」。

積詞成句學習單

_____班　_____號　姓名：_____

（一）你在上一次詞類家族的學習單中，寫了一個詞，現在請你想想看，你寫的那個詞可以和哪個詞類家族的詞組成一句話？請把那句話寫下來：

_____

（二）請你舉出由其他同學所寫的詞所組成的五個句子：

1. _____
2. _____
3. _____
4. _____
5. _____

（三）有哪些組合可能無法成為句子的，請你舉出兩個來：

1. _____
2. _____

老師的小小叮嚀：

　　詞要組合成句時，通常會先找出一個主體事物，再說明這個主體事物怎麼樣了。請你先想想看：代表主體事物的詞主要是哪一個詞

類家族的成員？表示主體事物怎麼樣了的詞，又會是哪個詞類家族的
成員？

（四）請你說說看第（二）題的那些組合為什麼可以成為句子？而第
　　　（三）題的這些組合為什麼不能成句？

_____

_____

_____

_____

_____

第二節　認識各種句型學習活動舉隅

　　本節主要依謂語中心成分的作用不同，對句子進行分類，並從國文教科書的範文中，找出不同句型的例句，希望學生在「化繁為簡」的過程中，強化對各種句型的認識，並能準確掌握句子的成分。

　　教學目標是：

　1. 能明確掌握句意。

　2. 能說出各種句型的基本成分名稱，並將例句的詞語與成分名稱進行對應。

一、認識敘事句

化繁為簡學習單
── 認識敘事句 ──

_____班 _____號 姓名：_____

　　一個句子，主要包括兩個部分，一部分是這個句子所敘述的**主體事物**，另一部分是說明這個主體事物**做了什麼、擁有什麼東西、具有什麼的性質、甚至怎麼樣了**，或對主體事物提出解釋、說明等。例如：

例1 <u>東風</u>	<u>來</u> 了。
名詞	動詞
一個主體事物	做了什麼

例2 <u>我</u>	<u>買</u> <u>票</u>。
代詞	動詞　名詞
一個主體事物	做了什麼

在上面的這兩個例子裡，大家可以發現：作為句子的主體事物的，可以是「名詞」，也可以是「代詞」；而以「動詞」或「動詞＋名詞」來表示主體事物做了什麼事。這些成分是句子的基本成分，例題裡用線分別把這些基本成分標出來。

　　下面也有一些句子，請你先在句子的「主體事物」和主體事物「做了什麼事」之間用豎線將它們隔開，然後找出其中的基本成分，用下加線把它們標出來，並說明它們的詞性：

1.花下成千成百的蜜蜂　嗡嗡地鬧著。　　2.他　忙著　照看　行李。

3.我　喜歡　那些像鐘一般準確出現的小販的　叫賣聲。

4.枝頭上青澀的果子　靜靜地　等待　成熟。

5.明亮多采的音律　彷彿　驅除了　夏夜裡擾人的蚊蚋。

以上這些句子，句中的主體事物稱為「主語」，主體事物所做的事稱為「謂語」。所以一個句子可以包含「主語」和「謂語」兩部分。這種以謂語來表示主語做了什麼事的句子，我們稱為「敘事句」；謂語裡的「動詞」稱為「述語」，「名詞」叫「賓語」。

二、認識有無句

化繁為簡學習單
—— 認識有無句 ——

　　　　　　　　＿＿＿＿班　＿＿＿＿號　姓名：＿＿＿＿＿＿

　　之前我們曾學習過「敘事句」，「敘事句」表示的是：「主體事物做了某件事」，「敘事句」的基本成分是：「主語」、「述語」、「賓語」。

　　另有一種句型，它的基本成分跟敘事句很像，不過謂語只表示主體事物擁有什麼東西或具有什麼特質。例如：

例1 他	有　　一雙　眼。	例2 小販	有　一　木　製　圓盤。
代詞	動詞　　　　名詞	代詞	動詞　　　　　　名詞
主體事物	主語擁有的事物	主體事物	主語擁有的事物

例3 藝術　和　宗教	實　有　同一的　歸趨。
抽象事物的名詞	動詞　　　　名詞
某個或某件事物	主語具有某種特質

上面這三個例子，前兩個主語一為屬人的「代詞」，一為屬人的「名詞」，另一個主語為抽象的事物；而句子裡所使用的「動詞」跟敘事句不同：敘事句的動詞，主要表示一種行為或動作；可是這裡卻用「有」，這裡的「有」表示在它後面的事物屬於主語所有，或表示在它後面的事物是主語所具有的特質。

　　下面也有一些類似的句子，請你先用豎線將句子的主語和謂語隔開，並找出其中的基本成分，再用下加線把基本成分標出來，並說出它們的詞性：

| 1.你　有足夠的學識嗎？ | 2.小孩　難得有什麼零用錢。 |

| 3.我　曾有過一雙美麗的手。 | 4.你們　都有好幾個　要好的同學。 |

| 5.妳　也有一隻會聽妳訴說心事的狗狗。 |

| 6.那　定然不甜的果子　又有什麼好滋味呢？ |

以上這些句子，主語或為屬人的「名詞」、「代詞」，或為屬物的「名詞」；「謂語」中都有「動詞」「有」，跟在「有」後頭的「名詞」是「主語」所擁有的事物，或具有的特質。謂語裡的「動詞」稱「述語」，主語所擁有的事物或具有的特質則叫「賓語」。

　　不過這種句型的主語有時候只是時間性的或處所性的「名詞」，例如：

例4 今天	剛好 有 信。	例5 宅邊	有 五 柳樹。
時間性名詞	動詞 名詞	處所性名詞	動詞 名詞
某個時間	出現或存在某種事物	某個地點	出現或存在某種事物

這種句型裡，時間性「名詞」、處所性「名詞」，依然通稱「主語」；「謂語」裡的「有」也叫「述語」，出現或存在的事物仍叫「賓語」。

這種「主語」跟「賓語」的關係,與前面「主語」擁有「賓語」,或「主語」具有「賓語」的特質不同,它們只說明某種事物的出現或存在。

　　請你在下面的句子裡找出主語和謂語,先用豎線將句子的主、謂語隔開,再用下加線標出其中的基本成分,並說明它們的詞性:

> 7.湖裡　有 十來枝 荷花。

> 8.河口附近　還 有 許多 雀榕。

如果要表示「主語」和「賓語」之間「未擁有」、「不具有」、「不存在」的關係,那麼就把動詞「有」換作「無」或「沒有」,例如:

例6　阿爸	也 沒有 任何 怨言。
名詞	動詞　　　名詞
主體事物	主語不具有的事物

例7　舞臺上	空 無 一物。
處所性名詞	動詞 名詞
某個地點	不存在某種事物

下面也有一些類似的句子,請你先用豎線將句子的主語和謂語隔開,找出其中的基本成分,再用下加線把基本成分標出來,並說明它們的詞性:

> 9.何夜　無　月?

> 10.原因　無 他。

> 11.「流浪」　其實 並 沒有 方向。

　　這種句子,因為「述語」不是「有」,就是「無」或「沒有」,所以這種句型就叫「有無句」。「有無句」的基本成分也是:「主語」、「述語」、「賓語」。

三、認識表態句

化繁為簡學習單
── 認識表態句 ──

_____班　_____號　姓名：_____

　　有一種句子，它的**謂語**主要在說明主語的**性質或狀態**，也就是對**句子的主體事物**進行描寫，例如：

例1. 風	輕悄悄的。	例2. 兒女	眾多。
名詞	形容詞	名詞	形容詞
一個主體事物	主體事物的性質狀態	一個主體事物	主體事物的性質狀態

在這兩個例子裡，除了由「**名詞**」擔任句子的主體事物以外，你還發現什麼？原來有一種句型的謂語跟敘事句的謂語明顯不同：既非由「**動詞**」擔任「**述語**」，也不是由「**名詞**」擔任「**賓語**」；而是由「**形容詞**」對主體事物的性質、狀態進行描寫，這個「**形容詞**」也是句子的基本成分。

　　下面也有一些類似的句子，請你先用豎線將主語和謂語隔開，找出其中的基本成分，然後用下加線把它們標出來，並說明它們的詞性：

1.樹 子　　錯 落。

2.笛聲　　低沉 而 遙遠。

3.天上 風箏　　漸漸 多 了。

4.粟色 的 傘面　　很　樸素。

5.那家 旅館　不 十分 清爽 吧。

6.老人 的 生活　　十分 平安 寧靜。

7.書 的 定義　　真的 不 該 那麼 狹隘。

以上這些句子,「謂語」中都有「形容詞」,第二個句子甚至還出現兩個「形容詞」,這些「形容詞」在句子裡的作用是描寫「主語」的性質或狀態。我們稱這種以「形容詞」為謂語基本成分的句型為「表態句」。

表態句的基本成分是:「主語」和「表語」。

四、認識判斷句

化繁為簡學習單
── 認識判斷句 ──

_____班　_____號　姓名：_____

　　之前我們曾學習過一個句子包含「主語」和「謂語」兩個部分，有一種句型的**謂語**對主語**提出解釋、說明**，像：

例1 它	是　一棵　雀榕。	例2 我的書桌	就　是　　　　供桌。
代詞	動詞　　　名詞	名詞	動詞　　　名詞
主體事物	對主語的解釋、說明	主體事物	對主語的解釋、說明

　　上面這兩個例子，主語一個是「代詞」，一個是「名詞」；而它們所使用的「動詞」跟敘事句不同：敘事句的動詞，主要表示一種行為或動作；可是這裡卻用「是」。「是」把出現在它前後的兩個成分聯繫起來，表示這兩樣事物之間是相等的，或具有同質性、隸屬性，可以互相解釋。下面也有一些類似的句子，請你先用豎線將句子的主語和謂語隔開，再用下加線把基本成分標出來，並說明它們的詞性：

| 1.你　是　平躺的　島嶼。 | 2.夏日吃冰　是　人生　的一大享受。 |

3.這　是　中國　歷代文藝　不老長青　的　祕密。

4.過山刀　是　我在山徑上　最常相遇　的　蛇類。

5.鳳凰木　是　熱帶地區　受陽光、雨水　嬌寵的　植物。

以上這些句子，「謂語」中都有「名詞」，這個「名詞」主要是對「主語」作解釋或說明，如果是肯定的句子，「主語」和這個「名詞」之間，大多數可以畫上等號，表示兩者之間具同質、隸屬或解釋關係。這種句子，我們稱為「判斷句」。謂語裡的「動詞」稱為「繫語」，謂語裡的「名詞」叫「斷語」。

「判斷句」的基本成分是：「主語」、「繫語」、「斷語」。

第三節　對句子進行「添枝加葉」的活動設計

這是「化繁為簡」學習活動的延伸，並嘗試把閱讀和寫作進行結合的一個活動設計。

「化繁為簡」學習活動系列，是引導學生先認識句子的基本成分，進一步掌握句子中還有修飾成分或補充成分。當我們將一個句子的修飾成分、補充成分刪去以後，也就是本章第二節完成的學習單裡的那些例句，教師宜引導學生與原句進行比較，以體會修飾成分、補充成分在句中的作用。

此外，我們可以以那些學習單的例句為基礎，進一步設計延伸的活動。這個延伸活動是把那些刪成只有基本成分的句子，試著再添加上修飾成分或補充成分，使它與原句變得有點像又有點不像。這是一種為句子「添枝加葉」的活動。

教學目標是：

能為只有基本成分的句子，加上一些修飾或補充成分。

添枝加葉學習單

_____班 _____號 姓名：_____

之前我們曾學過「詞類家族」以及「化繁為簡」系列的相關活動，同學都已能從句子當中找出基本成分來，表示已能掌握不同句型的基本成分。也就是把一個繁複的句子簡化成簡單的句子，例如：

我喜歡那些像鐘一般準確出現的小販的叫賣聲。
簡化為：我喜歡叫賣聲。
鳳凰木是熱帶地區受陽光、雨水嬌寵的植物。
簡化為：鳳凰木是植物。

下面這個練習，要請同學把一些只具有基本成分的句子，擴展成意涵更為豐富的句子，使它變成與原句有點像，又有點不像。這是一個為句子「添枝加葉」的活動。例如：

我喜歡叫賣聲。
可以變成：我在逛街的時候，最喜歡那些充滿活力與朝氣的叫賣聲。
鳳凰木是植物。
可以變成：校園裡的鳳凰木是一種可以代表畢業季節即將來臨的植物。

上面這兩個例子，一個是在述語「喜歡」、賓語「叫賣聲」前添

加修飾成分，一個是在主語「鳳凰木」前加入修飾成分，也在斷語「植物」前加入修飾成分，這樣讓它們的意思跟原句之間變得有點相同又有點不同。

　　下面請你來接受挑戰，請你在這些只有基本成分的句子裡加入一些修飾的成分：

1. 蜜蜂鬧著。→ _____。

2. 果子等待成熟。→ _____。

3. 這是祕密。→ _____。

另外，也請你從「積詞成句」的那個活動裡所組合成的句子中，選出兩例再為它們添加枝葉，使它們的意涵更豐富：

4. _____ → _____。

5. _____ → _____。

這個活動設計,是把只有基本成分的簡單句變為意思更豐富的句子,但寫出來的仍然還只是一個「單句」。前面我們已經提到,這是一個結合閱讀與寫作的教學活動,因為當學生寫出來的,不再只是具有基本成分的單句時,其想法或概念就相對的複雜化了,所以這是寫作活動中擴寫的雛型。教師可以繼續設計相關的延伸活動,以句子成分簡單的短文讓學生添加枝葉,相信對其寫作能力,會有提升與影響。

第四節　結語

教師進行句型教學,目的不只在引導學生認識各種句型的特徵與作用,還希望能幫助學生了解句子的語序和成分。利用實際操作,離析出句子的基本成分以掌握句子的意義,對於閱讀教學有一定的助益;在認識各種句型、掌握句子的基本成分之後,可以透過添枝加葉的方式,指導學生將只具有基本成分的句子添加修飾成分與補充成分,擴充句子,使句子的意義更生動、更豐富。添加枝葉的擴寫活動,更是寫作教學的基礎。因此,我們可以說:句型教學攸關學生閱讀與寫作的能力,是國語文教學中極為重要的一環。

第三章
文法教學的另類評量

第一節　多元評量與國語文教學

　　美國哈佛大學心理學家豪爾・迦納（Howard Gardner）教授在一九八三年出版《智力架構》（*Frames of Mind*）一書，提出多元智慧論（Multiple Intelligences）之後，智慧多元及其相關議題，便廣受教育界的關心與討論。但是在學校教學相當重要的環節——評量，卻難以走出傳統紙筆測驗的窠臼，所以有些人認為多元智慧論雖然提供了一個美麗的新世界，卻很難落實（吳靜吉，1997：3），因為長久以來的入學考試制度，一直影響著教學、領導著教學。換句話說，考試要考的，老師才教；考試不考就不必教。否則即使老師教了，學生也未必肯好好的學。因此便有「要改革學校教育應先改革傳統性學校評量，落實多元化評量管道也可能領導多元化教學管道」的呼籲與喟嘆（張稚美，2000：9）。

　　事實上教學是師生共同參與而產生交互影響的動態過程，而評量（assessment）則是運用科學方法和技術，蒐集有關學生學習行為及其成就的正確資料，再根據教學目標，就學生學習表現的情形，予以分析、研究和評斷的系列工作（簡茂發，1999：11）。教育改革推動多年，有一項值得肯定的成果，那就是「多元入學制度」的建立，此制度的建立無非是希望透過入學管道的多元，帶領學校教育走出以智育為導向的胡同，希望能以考試來領導教學、影響教學，因此如果能透過評量工作來矯正多年來教學上的積弊，雖然不一定是最理想的境

界，但若能因此而使教學正常化，其功也不可沒。

文法是對語文的構詞、造句法則作研究與描述，文法教學在中學階段通常會涉及句型的歸類與判定、積詞為句的法則，並兼及一些構詞的規律、詞類的區分及其用法等相關知識，多以紙筆測驗為主來評量學生的學習成就。可是文法教學的終極目標，是希望學習者能將這些規律、法則運用在閱讀、寫作等所有的語文學習與應用上，使學習者一方面能精確掌握語文的意義，獲得清晰的概念；另一方面能有效表達意念，把語文的表達效果理想的發揮出來。若僅以紙筆測驗恐難達到這層目標，因此以下擬以非紙筆測驗的方式，從多元評量的視角，在詞類和句型兩方面，設計若干可以在文法教學之後執行的評量活動，以評量學生的學習成效。

第二節　詞類教學評量

國語文教學中的詞類教學，有其必要性[1]。不過若純粹只是以紙筆測驗檢視學習者的學習成效，恐怕學生考試考完就不記得了，而且對真正的「應用」也沒有太大的助益。如果老師能「寓評量於遊戲」中，或能一改學生的學習態度，化消極被動為積極主動，學習成效當能更臻理想。

一　活動名稱：虛實二選一[2]

詞類教學一般最先處理的是實詞與虛詞的分辨，本活動以詞的虛實二分進行活動設計，評量學生對虛詞與實詞的掌握是否精熟。

1　詞類教學的必要性，請參見上編第三章第一節「詞類教學的必要性」之相關說明。

2　本活動的概念，係參考國內某無線電視臺的綜藝節目進行設計。

1 活動前準備

（1）學生分組、教師準備詞卡：學生每五至六人分成一組，教師視學生分組多少，分別準備實詞、虛詞的詞條卡或投影片若干張。可依規劃的活動時間決定每組回答的題目數量，原則上希望每組至少能回答五至六題。

（2）活動空間需求：將學生課桌椅從教室中間往兩旁移動，也可從其中一邊往中間移動，教室空出約學生課桌椅兩排左右的空間。在地面上貼上寬度至少五公分、面向黑板長度四百公分左右的有色膠帶，或以有色粉筆畫一條四百公分長的粗直線。在膠帶或粉筆畫成的粗線上，以異色筆圈出直徑五十公分左右可供一人站立的圓圈或每邊五十公分左右的正方形，兩圓圈或正方形之間距離至少二十五公分；依每一組組員人數畫好圓圈或正方形數目。在粗直線的右前方與左前方的黑板上，分別寫上實詞和虛詞。活動空間與需求簡單圖示如下：

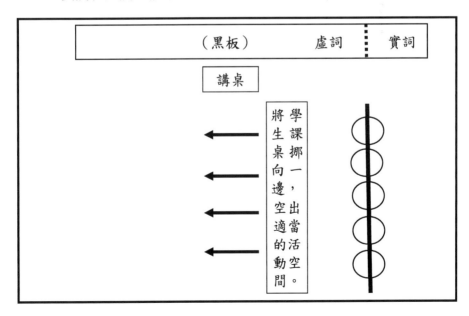

2 遊戲規則

（1）可先以猜拳或抽籤方式，決定各組進行比賽的先後。

（2）取得第一組比賽順序的組員分別站在粗直線的圓圈或正方形上預備。

（3）教師依序秀出或說出題目，學生看到或聽完題目、分辨實詞或虛詞，在一定時間內往粗直線的右邊（實詞）或左邊（虛詞）跳。

（4）組員每人每答對一題得1分，得分依題數、人次累進。

（5）各組依次進行比賽。比賽完畢，依得分多少，評定其名次。

（6）在題與題之間要給學生一點候答時間；並宜注意學生跳動時的安全。

（7）若為避免判定實詞或虛詞的爭議，題目可以句子的形式呈現，但命題焦點的詞彙以異色字寫出，或以「　　」框出，例如：雨落在屏東「肥肥」的田裡、美麗「的」夏夜、「從」山坡上爬下來了等。

　　基本上，屬於類似這種二分法的評量，都可以採取這種評量方式，學生在動腦的同時，配合一些肢體活動，既可避免整節課的學習過程都坐著不動，也可藉由組與組之間的競爭帶動學生學習熱情，使教學活動熱絡。

二　活動名稱：詞類九宮格

1 活動前準備

（1）教師準備詞類的九宮格：

「九宮格」可以直接畫在黑板上，在格子當中寫上一個詢問某

詞屬於哪個「詞類」的題目，再以寫上題號數字的紙張，用磁鐵覆蓋住格子；學生答對，就改用小組號次的紙張蓋住那個格子。

也可以在黑板上畫九宮格，只寫題號，不寫題目。學生選定題號後，教師再用投影片秀出題目；答對了，就將黑板格子裡的題號數字改為小組號次。或者將題目寫在白紙正面，背面寫上題號，以背面的題號朝上，用磁鐵扣在黑板的九宮格上；學生答對，就在黑板九宮格的位置上寫上小組號次。

（2）將學生分為兩組；若分成多組，則題目可擴充為十六格，或二十五格。

2　遊戲規則

（1）採取分組競賽的方式進行，老師可依班級學生的不同學習狀況，決定學生如何取得答題權，例如：先以初階的題目（像「學生」是實詞或虛詞）詢問學生，各組搶答，或直接讓學生搶答；答對了，就有權利選擇九宮格中的一格，回答問題。

（2）分組代表答出正確答案時，該格即填上該組組別號次。

（3）依次進行，能最先連成一直線、橫線或斜線的小組獲勝。

（4）與活動（一）類似，為避免詞類判定的爭議，題目可以句子的形式呈現，但命題焦點的詞彙以異色字寫出，或以「　」框出。

三　活動名稱：詞類練功房

這是以「認識詞類」為學習重點的闖關評量。「認識詞類」的闖關評量，若能聯合幾個班一起進行活動，可以各類詞都處理；若在人

力上協調不便,則只設計實詞或虛詞的各小類練習即可。以下針對實詞、虛詞各小類全部練習進行闖關評量的活動進行規劃。

1 活動前準備

教師依學生人數以及活動進行的時間長短,決定採分組闖關或個人獨自完成。

2 活動規劃一──人力分配與徵求關主

多班聯合舉行,場地布置、闖關卡製作或命題以及現場秩序維持等相關的工作項目,可由各班任課老師協調,進行工作分配(詳細工作內容見下文各項敘述)。

聯合多班共同進行的闖關活動,「關主」可請各班老師或由同年級其他領域的任課老師協助、擔任。

如僅一班,或請學生家長幫忙,或由班級中的語法小老師擔任「關主」。

參與人數或組數眾多時,關主可由兩人(或以上)共同負責,像本次規劃的評量活動,第一關最好能配置三位關主,第二關可配置兩位。若人數或組數不多,或僅評量少數詞類,也可以由一人負責。

3 活動規劃二──詞卡製作

在撲克牌或名片大小的硬紙片上命題。因為實詞、虛詞都要評量,每人或每組各需實詞六小類、虛詞四小類的題目,所以如果情況許可,各類詞的題數最好略比參與活動的學生人數或組數多。若無法命出那麼多合適的題數,有的題目只好重複使用,但最好頂多重複一次。

4 活動規劃三──場地布置

　　多班聯合的活動，在室外或室內的大型空間舉行為佳；一班則可在教室內舉行。

　　設置兩個關卡，一為實詞，一為虛詞。每一關卡宜有兩張桌子並排，分別以海報紙寫明第一關實詞、第二關虛詞（也可寫出關主為○○老師，或為趣味性而另起名號），貼在桌子前方，提供闖關者該關卡的相關訊息。

　　同時應準備計分用筆和「通過」、「不通過」章及打印台；若為慎重行事，甚至可準備關主姓名章。

　　假使多班聯合進行活動，為安全起見，宜製作關卡位置圖與進出路線圖或通關流程圖，闖關者宜統一由「入口」進入，由「出口」退出。若僅一班，在一般教室舉行，闖關者可由前門進、後門出。場地布置簡單圖示如下：

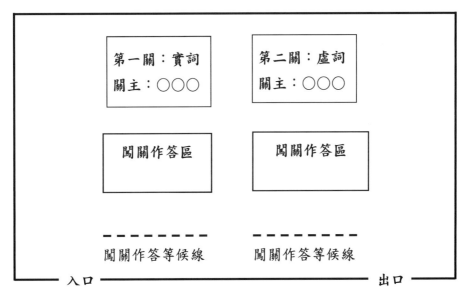

5 活動說明

　　教師應製作活動的遊戲規則與相關說明，包括：給「闖關勇士」以及給「關主」的共同說明，以及分別給「闖關勇士」、「關主」的活動說明。

（1）給「闖關勇士」與「關主」的共同說明：主要說明此次闖關評量活動的意義與活動設計的理念。例如：闖關評量是一種遊戲化的評量，屬多元評量的一種，希望透過這種評量方式，獲得實用且生活化的知識等。

（2）給「闖關勇士」的說明：對闖關者說明活動進行的方式、流程以及計分方式等。

　　活動進行方式的說明包括：每人或每組先領取闖關卡，活動進行時共有多少關卡、如何計分、在何時之前完成、計分卡如何繳交等。例如本次活動，即在入口處領取闖關卡，在出口處繳回，而每一關卡作答的時間若有限制，也應一併說明。

　　活動進行流程的說明，包括：闖關勇士或分組或個人進行闖關遊戲時，通過一關即由關主在闖關卡上加註過關記號、分數，各關卡完成後繳回等。以本次的活動為例，必須通過兩個關卡，第一關要回答六個問題，第二關要回答四題。每個問題都有兩個小題，第一小題先回答抽出的題卡上的「詞」屬哪個「詞類」，並寫在闖關卡的答案格裡；關主確認通過與否後，在旁邊的得分欄寫下得分，並在下方的格子裡簽名或蓋章；第二小題闖關者必須舉出一個屬於該詞類的詞，同樣也寫在答案格裡，關主確認通過與否後，在旁邊的得分欄寫下得分，在下方的格子裡簽名或蓋章。一小題答完，再抽另一張題卡，依次回答。當本關的所有題卡都抽完答完，移動至第二關，答題與關主計分、蓋章等與第一關相同。等第二關的題卡都回答完畢，退出活動

場地，在出口繳回闖關卡。[3]

其他的遊戲評量規劃，若每一關通過的手續較為單純，也可以統一由最後一關關主收回，或繳交至○○地點等。

計分方式，若以「計點」方式計分，則通過，可計一點或兩點；未通過，不計點。若採百分制，則應規劃各關卡、小站的配分比例。

（3）給「關主」的說明：

說明關主如何「把關」，包括如何「出題」（提示題目詞卡），如何判定、審核闖關者是否通過，通過或不通過該如何給分、蓋章，每一關必須在多少時間內完成等。例如本次活動：每一人次或組次闖關前，各關關主應將闖關者必須回答的詞卡（第一關六張，第二關四張）隨機扣在桌面上，等候闖關者；闖關者隨機一次翻一張題卡，先回答題卡上的「詞」屬於哪個「詞類」，再舉一個屬於該詞類的詞；回答問題的同時，闖關者並自行在闖關卡上填入相關的答案，關主判斷答案後即填寫分數、簽名或蓋章表示該小題通過與否；等翻完所有題卡、回答完所有題卡上的題目後，關主在闖關卡上蓋章或加註記號、書寫得分等，然後放行。

6 製作闖關卡與活動進行流程圖

教師除了依參與的學生人數或組數製作相當數量的「題卡」外，還需製作闖關者每人或每組一份的「闖關卡」（內容請參見下文有關的示例說明）；為使學生都能清楚活動的流程，讓活動順利進行，若有需要，老師並可製作活動進行流程圖張貼在活動入口的醒目之處。

3　這裡的規劃比較複雜，也可以兩關的每一題，只回答一個問題，即指出題卡上的詞屬哪個詞類，這樣便較單純。

7 「闖關卡」示例

　　以下設計的是一個多班聯合的評量活動的闖關卡，評量實詞的名詞、動詞、形容詞、副詞、代詞、數量詞，虛詞的介詞、連詞、助詞、嘆詞。每小題第一站與第二站答對各得4分。總計實詞全對得48分；虛詞全對得32分。

　　本示例是百分制計分的闖關卡，每一關的詞類小題，答對題目分配一定比例的分數；若學生能依次「認真」「完成」闖關活動，繳回闖關卡，可針對其學習態度給一定的基本分數以資鼓勵。

　　本闖關卡目前各詞類均配置8分（回答出詞類名稱、舉出符合該詞類的詞各得4分），教師可以依實際教學情況，調整不同的配分比例；或考量名詞、動詞、形容詞為生活中常用、詞彙意義具體、學生容易掌握、判定較容易等因素，配置較少的分數；那麼副詞、代詞、數量詞以及各類虛詞就分配較多分數。

示例：百分制「詞類練功房」闖關卡

○○縣／市立○○國中○年○班國文科「詞類練功房」闖關遊戲「闖關卡」
闖關勇士：　　　　　　班級：　　　　　　座號：

關　　　別	第　　　一　　　關	
站別、題次、配分（4/4）	第　　一　　站 我的題目是什麼詞	第　　二　　站 我舉出來的詞例是
第1題：答案；得分	「　　　」詞	例子：
關主簽名或蓋章		
第2題：答案；得分	「　　　」詞	例子：
關主簽名或蓋章		
第3題：答案；得分	「　　　」詞	例子：
關主簽名或蓋章		
第4題：答案；得分	「　　　」詞	例子：
關主簽名或蓋章		
第5題：答案；得分	「　　　」詞	例子：
關主簽名或蓋章		
第6題：答案；得分	「　　　」詞	例子：
關主簽名或蓋章		
第一關得分小計	實得分數：（　　　　　）分	
關　　　別	第　　　二　　　關	
站別、題次、配分（4/4）	第　　一　　站 我的題目是什麼詞	第　　二　　站 我舉出來的詞例是
第1題：答案；得分	「　　　」詞	例子：
關主簽名或蓋章		
第2題：答案；得分	「　　　」詞	例子：
關主簽名或蓋章		
第3題：答案；得分	「　　　」詞	例子：
關主簽名或蓋章		
第4題：答案；得分	「　　　」詞	例子：
關主簽名或蓋章		
第二關得分小計	實得分數：（　　　　　）分	
依規定在限定時間內完成闖關活動，且交回闖關卡可得基本分數20分		
我的得分	基本分數＋兩關得分　＝　總分 20＋（　　　　　）＝（　　　　）	

第三節　句型教學評量

　　本節是以認識、分辨單句的句型與成分為核心進行設計的評量活動。可以在完成單句的句型教學後實施。「文法風雲會之一」[4]是設計給學生以個人身分參與的評量活動;「文法風雲會之二」設計的是分組進行的活動。都分別可以設計「進階版」。

一　活動名稱──文法風雲會之一

1　活動前準備

（1）教師準備單句卡:一個句子製作一張單句卡[5]。單句,可以從學生學過的課文中摘錄,也可以引錄一些媒體、廣告等經常出現的文句或歌詞;重要的是摘錄出來的句子,在句型歸類上最好沒有爭議。

　　視學生人數製作若干數量,原則上每名學生至少能分配到十張以上的句卡為佳。每種句型的數量盡可能平均,但有些句型相對的出現較少也無妨。

（2）學生進行分組:本評量活動雖設計以個人為單位進行活動,但中間可能需要與同組組員互換句卡,所以仍以先行分組為佳,教師可依各班情況自訂分組人數。

4　此活動的初發構想,來自暑期教學碩士班的一位同學。
5　可以利用空白的名片,大小與厚度頗合適。老師可直接把句子書寫在名片紙上;也可以在電腦上將句子處理好,採用印表機列印,直接列印在名片紙上,或列印在一般紙張上再裁切、黏貼。

2　遊戲規則

（1）老師將句卡分配給學生，每人分配到的句卡數量相同。教師分配句卡時宜留意每一名學生所持的句卡不宜過分集中在某一種句型。

（2）進行活動時，老師在臺前說出題目，例如：「請給我一個敘事句」[6]；學生找出合適的句卡即舉手，經老師核對句型正確，即可得分；不論答對或答錯，用過的句卡就算失效，必須扣在桌上。

（3）依不同的句型命題，學生回答過幾輪後，萬一個人手中已無符合老師題目要求的句卡，可用手中還有效的句卡與同組同學互換。

（4）當即使與組員互換，手中句卡也無法符合老師題目的要求時，該名學生即「出局」。遊戲進行至最後，未出局的獲勝，這是個人成績；也可以計算團體成績，組員出局數最少的，該組團體成績獲勝。

（5）進階版則不僅要找出符合題目要求的句卡，還要說出在句卡上的句子的基本成分，例如：主語、謂語、述語、賓語、表語、斷語等。

二　活動名稱──文法風雲會之二

　　這可算是前一活動的延續，但評量學生分組的團體表現。所以遊戲的規則是：老師說出需要各組舉出的句型與數量，各組必須湊足符合題目要求的句型數量；使用過的句卡算失效，必須扣在桌上。進行

6　若老師句卡準備的份量足夠，可以要求兩句或多句，但第一次通常以一句為宜。

過幾輪後,組員手中已無法達成老師題目的句卡數量時,可由組長將組內同學手中還有效的句卡與別組互換以達成要求。當組員手中的句卡即使透過與別組交換,其數量仍無法符合老師題目的要求時,該組即「出局」。活動進行至最後,仍未出局的組獲勝。

進階版可以設計成各組除找出符合題目要求的句型、數量的句卡,還要照樣造出同樣數量的該種句型。這個活動因為著重在團隊表現,所以也具有一定的分組合作學習的成效。

第四節　結語

以上兩節所設計的是遊戲化的另類評量,雖是一種較能兼顧認知、能力、情意等的評量過程,但在實施時,仍有一些原則必須遵守:無論設計何種活動,切記不可與教學目標脫節;同時應擬定嚴謹的實施計畫,相關的活動單設計力求美觀大方;對於活動的說明,以室內或書面資料為主,也可輔以戶外或口頭說明;類似第二節活動(三)的大型過關評量,協助活動或評量的其他領域教師、家長等,必要時宜有行前講習;同時教師或協助者可在活動進行前對評量過程進行模擬,以增進執行的熟練度,也避免活動進行時出現無法掌控的狀況。活動執行的過程要確實,且必須預留人力,以應付突發狀況;活動完成後,應用心檢討,以累積經驗、自我增強。而最重要的是要以學生的安全為最重要原則。

希望透過這些文法教學的另類評量,一方面藉此提高學生參與的興趣,另一方面可以利用合作學習的機會,增進學生間的間接學習。倘若能在評量活動當中,提供一些虛擬的真實情境,當能在活潑、生動之餘,兼具實用的效果。

第四章
國中學童作文語法錯誤抽樣分析與導正錯誤的教學策略

第一節　前言

　　語文是人類表情達意的主要工具，為達到彼此溝通的目的，其中必定含有約定俗成的習慣或規律，這些習慣或規律就是語法或文法。當一個人有意念要以語文的方式表達時，必須準確運用建構在自己腦中的「語法規律」，才能明確的表達心意，避免詞不達意的情況。每一種語言，句子的數目無法列舉完盡，但「語法規律」卻是有限的，是可以掌握的。掌握了有限的語法規律，便可以造出無限多的句子，於是便可以傳達出無數的新訊息（謝國平，1998：6）。而孩童的語文學習過程，其實主要就在學習「語法規律」。所以，語法規律堪稱是語文學習的樞紐（姚榮松，1987a，1987b）。

　　國中學童至少具備六年以上語文書寫的學習經驗，不過，學生寫作能力低落卻又是不爭的事實，例如：易麗君（2001），就曾指出中學生語文能力低落的現象讓人憂心；施教麟（2001）則更指出國中學生作文程度一代不如一代，有「錯字不斷，矛盾百出，表達能力欠佳」等毛病，常令老師在批改作文時掩卷興嘆。尤其過去幾年，曾面臨國中基本學力測驗不考作文，以及國語文授課時數減少的雙重影響，學生寫作能力的低下，已經不是只讓國文教師頭痛，也令一些關心學生語文程度的知識分子憂心忡忡，例如前幾年在中央研究院院士

會議中，即有多位院士批評當前學生國語文素質與表達能力低落的問題（《中國時報》，2002.7.3，2版，社論）；而多名大學教授、高中教師在2004年6月14日《文訊》所舉辦的一場「高中國文教育與教材現況座談會」中，更一致感嘆 e 世代學生喜歡把網路聊天用語，當成國文作文詞句，建議國中基測加考作文，讓國中生好好學一下「真正」的作文（《聯合報》，2004.6.15，B8版）[1]。

個人在九十二學年度接受國科會補助，進行「九年一貫國語文寫作基本能力『句型及語法』階段指標規劃研究」的專題研究（計畫編號 NSC92-2411-H-003-066-），該研究針對國中小學童作文進行抽樣統計、分析，獲得九年一貫各階段學童作文寫作基本能力的階段指標[2]。不過也就是在這個研究過程中，有機會接觸不少學童的作文樣本，發現在每本樣本中幾乎都出現或多或少的錯誤現象，其中尤以錯別字最為普遍，這方面的問題跟當時針對國民教育階段的學習成果所實施的基本學力測驗只考選擇題有關，學童回答問題時，不需自己建構答案，因此在學習的過程中跟書寫有關的活動可能相對減少，另一方面也可能跟學童經常使用電腦有關；而在語法方面所出現的錯誤現象則更令人憂心，因為如前所述，語法規律是語文學習的樞紐，作文裡的語法錯誤，可能代表學童在語法規律的習得上出現重大的問題，極可能影響其語文的根基。因此驅使個人在該研究之後，進行學童作文樣本語法錯誤的後續研究。

1　後來果然在二〇〇六年基測試辦加考作文；二〇〇七年起正式加入寫作測驗。目前的國中會考，也要考寫作測驗。

2　該研究在第三階段，亦即國中階段，規劃的階段指標為：單句方面希望延續第二階段熟習運用動詞謂語、名詞謂語、形容詞謂語及存在等句型的要求，NP 與 VP 可學習使用兩個以上的修飾成分；在複句方面，至少要能運用補充、順承、因果、轉折、遞進、並列等六種複句句型。

　　以下擬列舉國中學童作文常見的語法錯誤類型，並對這些語法錯誤進行分析，進而針對這些常見的錯誤類型提出可運用的教學策略。

第二節　研究方法

　　選取樣本前，有下列幾點考量：

一、希望取得的樣本文章長度能在三百字以上。

二、國中一年級（七年級）學童因為剛離開國小，與小學階段的能力頗相近；國中三年級（九年級）則即將面臨基本學力測驗，不論老師或學童都可能無法全心投入在寫作上。因此不對一、三年級取樣。

三、多數學童寫作論說文的能力本較薄弱，而寫作抒情文的能力則有頗大的個別差異。因此不以論說文或抒情文進行取樣。

四、傳統式的命題作文學童對文章題意的掌握較難一致，因此取樣時捨棄傳統式命題作文。

居於以上各項因素的考量，決定選用國中二年級（八年級）學生之作文樣本，由國文教師以引導式作文導引學生寫作，題目為：「我最感動的一件事」，文體為記敘文，並規定不得以小說或新詩寫作[3]。

　　本研究採集之樣本分佈情形：北區兩所學校兩個班級共六十六本、中區一所學校一個班級三十七本、南區一所學校一個班級四十三本、東區一所學校一個班級四十本，共計一百八十六本。

3　提供給國文老師的幾個導引原則，略述如下：

　1. 題材不限，寫人、敘事或記物皆可。

　2. 請注意題目的重點在「一件事」。

　3. 要完整的敘述這一件事的發生、過程與結束。

　4. 要說出這件事「為什麼」讓你感動。

　5. 並請就這件事給你的啟示或影響來作論述。

在樣本中逐一找出語法錯誤的句子，針對錯誤進行分析與歸納之後，發現國中學童作文中常見的語法錯誤約可分為：判斷句的成分錯誤、語句成分搭配不良、助詞使用不當、介詞使用錯誤、語句成分不完整或不當省略、介賓結構或介詞缺漏、語序錯誤、套用母語語法、斷句錯誤造成標點誤用、複句連詞使用失當等十種類型，以下將其中具有代表性的錯誤逐項說明於後。

第三節　國中學童作文常見的語法錯誤類型舉隅

一　判斷句的成分錯誤

判斷句是對事物的屬性、內涵給予解釋、說明，或對事物作一是非、異同的判斷的句子，以名詞或名詞性單位擔任謂語的主要成分——斷語，又稱名詞謂語句，斷語主要在說明主語的類屬、描寫主語的狀況、特徵或屬性，肯定的判斷句主語和斷語往往具有同質性。例如：

> 強摘果子也是一種摧折、傷害。（琹涵〈酸橘子〉）
> 意念是無形的東西。（夏丏尊〈意念的表出〉）
> 鳳凰木是熱帶地區受陽光、雨水嬌寵的植物。（蔣勳〈鳳凰木〉）

國中學童作文樣本中出現的判斷句型，常有主語和斷語不具同質性的情況，尤其在解釋、說明最感動的一件事時，我們看到出現以人、時間、或動物來解釋「一件事」的例子：

1. 我最感動的事，是在放暑假的時候。（南-10）[4]

2. 說到最感動的事，應該就要說到我在幼稚園時住院的時候了。（東-1）

3. 我最感動的一件事啊！大概是三年前我十歲的生日吧！（中-37）

4. 因為今天是校外教學，怎麼可以下雨呢？（東-10）

5. 暑假中令我最感動的事，是因為一隻可憐的小貓。（南-44）

6. 我最感動的一件事，我的媽媽。（南-31）

例1至例3都是用時間來解釋「一件事」，例4則以活動（事）來解釋時間，例5以動物解釋「一件事」，例6以人解釋「一件事」，這顯然與判斷句的特性──主語和斷語往往具有同質性──相違，因此不是優良的判斷句類型。

二　語句成分搭配不良

　　語句成分搭配不良的現象，出現最多的句型是敘事句，因為學童作文使用敘事句的比率最高。而語句成分搭配錯誤最常見到的是動詞述語和賓語之間或主語與動詞述語之間的配合不諧調、不合理。例如：

7. 所以最重要的還是要努力用功讀書，賺取事業[5]，來報答爸爸對我們的恩情。（北1-12）

4　列舉學童作文錯誤的例句時，僅標出樣本所代表的區域與代號，而不出現取樣學校與學童姓名。北部因為有兩班樣本，因此以北1、北2區分。學童作文若出現其他的錯誤現象，為保留作文原貌，多數未加更正；少數會影響句意判讀的，則先寫出正確詞語，並緊接著在後面以（　）說明樣本原來誤用的詞語。

5　以標楷體標出語句搭配錯誤或不良的成分。

8. 就算再大的阻礙都能一一消滅！……好好運用自己所擁有的
   價值，散發出生命的光彩……（東-9）

9. 有些國家的某些人自己成隊（原作「對」）來到台灣幫助我
   們震後的災情。（南-29）

10. 希望大家都能為這社會盡一點你所能盡的幫助。（東-21）

11. 於是法官好幾次（原作「很幾次」）想幫他減輕判刑，但都
    失敗了。（南-7）

12. 當我感到寒冷時，母親總是會犧牲自己身上的外套來讓我
    穿。（東-25）

以上這7個例子，「賺取事業」、「消滅阻礙」、「運用（自己的）價
值」、「散發生命的光彩」、「幫助災情」、「減輕判刑」、「犧牲外套」
等，都是動詞述語和賓語之間的不諧調。至於主語和動詞述語搭配不
合理的例子，例如：

13. 之後病又再度作亂二舅也因此去世了。（北1-14）

14. 它（指 SARS）雖然暫時的被安撫了，但是誰又敢保證它不
    會復活呢？還有人會不顧一切為病人服務嗎？（東-19）

例13「病」會「作亂」、例14「SARS」可以「被安撫」，還會「復
活」，都是很奇怪的「主語＋述語」的組合。下面例15「使他們的生
活增加光彩」，是兼語句中第二繫的述賓關係不合理：

15. 後來看到電視上新聞報導慈濟功德會拿一些日常用品去救濟
    那一家人，使他們的生活增加一些光彩。（南-23）

另外學童對詞性的判斷有誤，也會造成詞語搭配的錯誤，例如「清潔」是形容詞，在例16裡不能當動詞用：

　　16.還有一種人也令我感動，就是清潔隊的人，因為他們每天都
　　　　很早起床上班在街道上掃地幫人們清潔。（東-37）

例17比較特殊，出現在述語後面的補語無法與動詞述語配合，因為「溫（暖）」的感覺是無法藉由「吃」得到的。

　　17.自己卻餓著肚子，去翻著人家不要的剩菜剩飯，吃個溫飽。
　　　　（中-14）

表態句的句型在作文樣本中較少出現，但偶有主語和表語不諧調的情況：

　　18.主角其中一位，繪畫天分很好。（中-22）

例18天分一般不用「好」或「不好」形容，應該用「高」或「不高」。
　　另外，中區有兩本樣本在「感動」這個動詞後頭，出現一個比較特別的語詞搭配問題：

　　19.我為什麼感動這件事呢？（中-15）
　　20.不過我也十分感動大家一起同生死，共患難的精神。（中-
　　　　39）

「感動」出現的語境可以是「甲被乙感動」，也可以是「甲感動乙」，

但其語意卻不相同,「甲被乙感動」受感動的是「甲」,「甲感動乙」受感動的是乙,而這兩句都是「我感動 X」,但受感動的是卻是「我」,這顯然是因主動與被動的關係理解不清而造成的。

三　助詞使用不當

助詞使用不當出現得最頻繁的莫過於「的」與「得」的混用,目前在國民教育階段的教科書,對於出現在偏正結構[6]中的助詞主要用「的」[7],出現在副詞後的助詞或用「的」,或用「地」。這兩種語境的助詞,作文樣本較少出現錯誤。不過在中心語和補語之間的助詞「得」,則往往寫成「的」:

21.大家都玩的不亦樂乎。……我高興的差點叫出來。(北2-4)

22.他的妻子似乎病的很嚴重。(北2-36)

23.那次是我看到媽媽哭的最嚴重的一次了。……看媽媽哭的很傷心,我也了解到以後不可以再這樣子。(南-38)

24.某天,雨下的非常大,……因為這次傷的比較嚴重,……(南-39)

25.但這樣只會讓我哭的更久。(南-20)

26.我家住的很遠。(南-8)

27.我以前真不懂的「知足」。(南-14)

28.孤單是一種摸不到、看不見卻感覺的到的可怕東西。……爸媽什麼東西都弄的好好的。(東-12)

6　或稱主從結構,在本文中指的是形容性修飾成分與名詞性被修飾成分,或領屬性修飾成分與名詞性被修飾成分的組合。

7　形容詞後的「的」與副詞後的「地」,或歸為助詞,或歸為後綴。

以上這八個例子，都是該使用助詞「得」，樣本卻用「的」。比較特殊的是下面這兩個例子：

> 29.每當我生病了時候，我媽媽就會帶我去醫生。……每當我叫媽媽幫我做事了時候，也從來不嫌煩。（東-38）
> 30.突然從旁邊有一個大學生急急忙忙得跑過。（東-21）

例29該用「的」卻誤作「了」，例30該作「地」（可作「的」），卻寫成「得」。

　　另外「了」可以表示過去或完成的時態，也可以表示句末結束的語氣，也有一些使用錯誤的例子：

> 31.說到了我最感動的一件事，應該就是發生在四年前九月二十一日的半夜一點47分，意料不到的一場大地震。（中-34）
> 32.不過有時打球打晚一點也會被媽媽念了一頓呢！（南-38）
> 33.到了她年長時，她已成為了一位偉大的文學家。（東-5）

這幾個例子都是不該用卻使用「了」：例31用「說到」起頭，一定是當下，在「說到」之後不能加「了」；例32「有時打球打晚一點」是一個假設情況，後一分句是在前述假設之下產生的結果，通常不加「了」；例33「了」不應出現在「成為」這個動詞後面，但為強調事件的已然，可在句末加「了」，除表示事情已然發生，且具有持續性，也可兼表句末結束的語氣。

　　前面三例是助詞「了」的不當使用，下面例34卻是句末該用「了」但未使用：

34.過了幾天，媽媽終於好。（北1-8）

反問或詰問的句子，會以否定語氣表達肯定的意思，若未使用反詰副詞，則要在句末加上表示疑問語氣的助詞，才能表示反詰的語意，但樣本中也發現這樣的例子：

35.人活在世上不是要互相幫助、包容、學習。（東-11）

這可能是學童不清楚反詰問句若未使用反詰副詞，光用否定語氣無法表現反詰的意思，才會產生如此的錯誤。

四　介詞使用錯誤

樣本中出現的介詞使用錯誤現象，包括處置介詞、比較介詞、對象介詞、被動介詞、處所介詞等的誤用。例如：

36.爬到一半我踩樹枝滑（「滑」原樣本漏）倒，本來想說完了，這時一個強壯的朋友拉了我一把，大家也一起來拉，才幫我從地獄的邊緣給拉了回來。（中-27）

37.他不曾為被嘲笑當成是一件很丟臉的事。（北2-9）

38.媽媽因為怕我升了國二後會和班上教學課程進度的落後，所以帶我到了一家小型的補習班去。（北1-22）

39.之後我就被烏龜著迷了。（北1-4）

40.只要給大自然蓋一座房子就會造成嚴重的災難。（北1-27）

41.他看到了就很快把表哥送到他們兵部的醫生看。（北1-34）

例36、例37應用處置介詞「把」，卻誤作「幫」或「為」；例38應用比較介詞「比」，卻使用交與對象的介詞「和」；例39「著迷」不是被動的，所以前面的介賓結構應用對象介詞「對」，若要說成被動的語態，則應改為「被烏龜所迷」，動詞就不能用「著迷」；例40宜用處所介詞「在」，卻誤作受事介詞「給」；例41如果要用「到」，則後面要接處所介詞賓語，如果依原文作「他們兵部的醫生」，則介詞應改作「給」。

五　語句成分不完整或不當省略

一個句子裡本來應該具備的成分，由於說話情境或上下文的關係，可以省去不出現，就是語句成分的省略。文章中語句成分因上文已有之，或將在下文中出現，於是有所省略的情況，極為常見，但值得注意的是：這必須在不影響語意的前提下為之。

作文樣本中呈現的語句成分不完整或不當省略，主要是表現在主語的不當省略、動詞述語或其相關成分的不當省略、偏正結構的中心語的不當省略以及介賓結構或介詞缺漏等方面。

（一）主語的不當省略

作文樣本中呈現的語句成分不完整或不當省略，主要是表現在不當的呈上省略，往往是主語已轉換，卻未寫出，例如：

42.雖然不是很要好的朋友，但他們卻願意跳出來幫我解圍，（我）心中有股說不出的感動。（中-3）

43.從這件事中最感謝的人是媽媽，（她）原諒我這固執的個性，令我很感動。（中-10）

44.我最感動的事是對我很好的神秘人物，（他）太陽般的笑容，溫暖我的心。（中-16）

45.主角其中一位，繪畫天分很好，有如梵谷一般，但是他媽卻希望他功課能比較好一點，對他用斯巴達教育，但是（他）功課仍然很差。（中-22）

46.到了故宮，第一件事看四周的風景，（那兒的風景）有如天堂般美麗動人。（中-24）

47.我們家很少有時間出來，而且我第一次去故宮，（故宮）就像一朵美麗的花一樣多采多姿。（中-24）

例42第一個分句的主語是「我們」，可從第二句的「他們」和「我」看出，第三句主語是「我」，不宜省略；例43第一分句主語是「最感謝的人」，第二分句應有複指「媽媽」的代詞「她」；例44情況與例43相似；例45第一個「但是」以下兩個分句的主語是「他媽」，而第二個「但是」之後，主語應是「他」，不宜省略，省略以後會變成由前面一直承接下來的「他媽」；例46第一分句主語是省略的「我們」，但第二分句是「風景」美麗動人；例47第一分句主語是「我們家」，第二分句主語是「我」，而「像一朵美麗的花一樣多采多姿」的是「故宮」，既不是「我們家」，也不是「我」。

(二) 動詞述語或其相關成分的不當省略

該出現動詞述語或其相關成分，卻未出現的情形也不少：

48.每次看到爸爸一下班就得馬上回家弄飯給我和姊姊（吃），接著再送我們去補習，還要處理家中大小事務。（東-3）

49.我們來是拉小提琴的，可是（拉）中提琴的學生太少。（北-25）

50.而我用一罐子把那滴眼淚（裝起來，並）稱為「幸運之淚」。（北-34）

51.有時一些好心人士就會把自己所吃剩的東西給了他，他會高興的跑回家（拿）給家人吃。（中-6）

52.因為哥哥出生時眼睛開了刀，就已花了不少錢和（流了）不知多少的淚水。（東-7）

53.母貓不惜犧牲性命的精神，（讓人）想著：世上的所有母親，也都是如此吧？（中-12）

54.史懷哲先生，他一生的生活理念不僅令我感動，亦（令我）欽佩不已。（東-27）

55.雖然那時生病的我依然能感受到母親的溫暖及用心。（中-26）

例48不能只是「弄飯給我和姊姊」，必須是「弄飯給我和姊姊吃」語意才完整；例49「中提琴的學生」應是「拉中提琴的學生」；例50出現表憑藉的介賓結構「用罐子」，之後又出現處置介賓結構，接著應該先交代憑藉介賓結構所完成的動作行為，而不是馬上出現『稱為「幸運之淚」』；例51後面的分句「給家人吃」的不應是「他」，而是「好心人士吃剩的東西」，所以在「他會高興的跑回家」與「給家人吃」之間，需要「拿」這個動詞，才能把這兩個部分的主謂和述賓關係分清楚；例52「花」這個動詞的賓語只能是「錢」，不能是「淚水」，所以「不知多少的淚水」之前需要有另一個能跟它相應的動詞述語；例53敘述某一種情況引起後面分句所敘述的情況產生，具有致使的語意，但忽略了致使動詞和兼語；例54則是兼語句致使述語和兼語不當的承上省略；例55「那時生病的我」只是一個名詞性單位，換句話說，這部分要成為一個句子，必須要有謂語，表示「我」病情嚴重，但仍能體會到母親的溫暖及用心。

（三）偏正結構的中心語不當省略

樣本中也能發現偏正結構的中心語不當省略的例子：

56.它描述著一位孕婦跟她的先生（的故事）。（北2-6）

57.一路上看了很多從來沒見過（的東西）。（中-24）

58.看到了螞蟻的愛心，又看到新聞事件中，這些（人）比昆蟲都不如！（南-21）

59.我雖隨便拿了一種，卻意外的抽到我最想要的東西，再加上那又是我一直希望能送我禮物的人（送的禮物），我高興的差點叫出來。（北2-4）

例56描述的不僅是孕婦與她的先生兩個人，而是圍繞在兩個人之間所發生的「故事」；例57「看」是及物動詞，必須要有名詞性的單位擔任賓語，但「很多從來沒見過」顯然不是名詞性的單位；例58「這些」雖有指代作用，但因為前面未出現先行詞，所以必須有中心語，語意才完整[8]；例59比較特殊，「那又是我一直希望能送我禮物的人」，「那」指代前面的「東西」，亦即禮物，無法跟「我一直希望能送我禮物的人」形成判斷句的形式[9]，因此應該是「我一直希望能送我禮物的人送的禮物」才對，也就是「禮物」這個中心成分不能省略。

（四）介賓結構或介詞缺漏

另外作文樣本中還可以看到介賓結構或介詞缺漏的例子：

---

8 「比昆蟲都不如」作「連昆蟲都不如」較恰當。

9 此例句尚涉及判斷句主語和斷語之間的不一致。

60.聽朋友訴說心事、（跟他）分擔煩惱。（中-16）

61.我發現我忽略了站（在）門口的一位軍人，沒有去幫忙，而
　　在一旁看戲。（東-6）

例60「分擔煩惱」必須有對象，但樣本顯然是受到前一句的「朋友」
干擾，於是漏了；而例61的「站」本身是不及物動詞，後面如果帶處
所賓語，通常須加介詞「在」。這兩個例子的缺漏，也許是偶然的現
象，因為在其他樣本中較少發現類似的缺漏現象。

　　另外也有使用複句關聯詞語的缺漏，因為後面另有一小節專門討
論「複句關聯詞語使用失當」的問題，所以將留待後面再一併舉例。

六　語序錯誤

　　樣本中語序錯誤的現象約可分為三類，一類是單句中修飾與被修
飾成分間的語序前後錯置，第二類是語言成分在因果的邏輯上犯了錯
誤，第三類是複句裡的分句前後錯置。例如：

62.有一群本校看似不良的學生，並排騎車。（東-6）

63.主角其中一位，繪畫天分很好。（中-22）

64.這世界充滿了愛，但是要我們讓它被看到、被知道、被感覺
　　到。（北2-45）

65.我小的時候發高燒又感冒。（中-15）

66.記得去年的冬天，某個早晨，我發燒感冒了。（南-34）

67.有些小朋友都變孤兒了，我看了就好心酸，都無家可歸。
　　（中-34）

68.我們要好好的孝順媽媽，因為媽媽為我們做了很多事，以免
　　以後要孝順媽媽的時候，媽媽已經去世了。（東-38）

69.那段期（原作「其」）間，我們家的親朋好友都有來看我，
　　我好感動，也送了一些東西。（東-36）

中文語句帶有修飾成分時，多數情況是修飾成分在前，被修飾成分在後。例62的修飾成分有明顯的層次關係：「不良」先修飾「學生」，「本校」再修飾「不良的學生」，其次「看似」再修飾「本校的不良學生」，最後數量詞「一群」再修飾「看似本校的不良學生」，所以理想的語序應是「一群看似本校的不良學生」；例63「其中一位」擔任定語，「主角」擔任中心語較合中文的語言習慣[10]，因此「其中一位主角」是比較合理的語序[11]；例64「要」有必須的意思，一般都出現在主謂語之間，擔任謂語中心語的修飾成分，因此是「我們要讓它被看到、被知道、被感覺到」；例65、例66兩例，應是先「感冒」才「發燒」，這是在因果的邏輯次序上犯了錯誤，這種現象在語序錯誤中是最常見的；例67、例68都是複句中的分句次序錯誤，例67應是「有些小朋友都變孤兒了，都無家可歸，我看了就好心酸」，例68分句的次序改為「因為媽媽為我們做了很多事，我們要好好的孝順媽媽，以免以後要孝順媽媽的時候，媽媽已經去世了」比較理想；例69是「那段期間，我們家的親朋好友都有來看我，也送了一些東西，我好感動」才對，因為「也送了一些東西」這句的主語必須承前一分句的「我們家的親朋好友」，如果放到「我好感動」的後面，則主語變成「我」，顯然不對[12]。

10　這個例子還有一項詞語搭配不良的錯誤現象，前已作了討論。

11　當然也還可以說成「主角中的一位」。

12　本例「我們家的親朋好友都有來看我」還帶有因受母語語法影響的錯誤。

七　套用母語語法

　　樣本中常可見到套用閩南語語法的語句，最常見的是用「有」表示過去的經驗或已然完成的動作、發生的事實與狀況；其次在某些樣本中「用」除了一般的用法以外，還可以表示「炊煮食物」、「開鎖」等意思，或具有標示狀心結構的狀語的作用；還會將口頭語的說話習慣帶入作文裡，常會在句末加上「的說」或在句中加入「說」。先看「有」字句的例子：

70.其實昨天媽媽有憑著我大概的腳大小幫我買一雙慢跑鞋。（中-10）

71.之前女朋友有帶男朋友去跟爸爸商量。（北1-2）

72.外公昨天晚上起床時跌倒，好像有去傷到後腦！（北1-14）

73.我講一講心情是有比較好，但是我也哭了。（北1-20）

74.雖然有去做一些按摩，但是她卻為了家庭打拚。（北1-29）

75.我也有遇到過這種事。（北2-43）

76.還記得在我還小，不太懂事的階段，曾經有聽過一件事。（南-36）

77.雖然有找到一些令我感動的文章，但卻沒有那篇文章來的感動。（北1-28）

78.只要有做好防範 SARS，就不怕被感染了。（南-41）

79.她口口聲聲都在否認她有撞到人，倒是那群學生，試著幫老伯站起來。雖然後來還是有載他去就醫了。（東-6）

80.小時候，體弱多病的我從小鼻子就有過敏。（北1-8）

這幾個例子都大同小異，主要是以「有」代替「已經」、「曾經」，例

76表示經驗，已用了時間副詞「曾經」，又用了「有」字。例77「有」字也相當於「曾經」。例78「有」字可以不必出現，因為句末已出現兼表時態的助詞「了」字。例79兩個有都不必要。例80若要保留「有」，宜說「有過敏的毛病」，否則應說「會過敏」，才是國語的語法。

至於樣本中的「用」字，因受閩南語影響，用法頗多樣，最具代表性的，例如：

> 81.後來我心裡就想鎖起來很麻煩，要騎的時候要用來用去的，就想說不鎖又不會怎樣。（北1-23）
> 82.外婆每天辛苦的用補品給我吃。（北1-32）
> 83.因為打石膏要連小腿一起用，所以行動十分不便。（東-25）
> 84.爬起來老師看到我手斷掉，就用跑得去騎他的車子帶我去清泉醫院，……到了清泉醫院老師打電話給我爸媽。我的爸媽就用趕得去清泉醫院。（中-25）
> 85.但是小時候還小，自己只要身體一不舒服就只會用哭的。（中-15）

例81、例82、例83的「用」字，可以表示「開（腳踏車的鎖）」、「燉（補品）」或「打（石膏）」等意思；例84以「用」來標示狀心結構中的狀語，表示對述語的一種修飾限制；例85其實只要說「只會哭」就好了：

至於「的說」主要加在句末，例如例86、例87[13]；而「說」主要出現在句中，像例88：

---

13 本例的「蠻讚」是直接改變閩南語的「真讚」的程度副詞，其實也是受閩南語影響的例子，不過因為跟語法關係不那麼密切，而且樣本中相似的例子少見，因此不作詳細討論。

86.尤其那包杏仁巧克力真是超好吃的說。（南-30）

87.不過到最後結尾還蠻讚的說。（北2-2）

88.我們來是拉小提琴的，可是中提琴的學生太少，而且聲音也不是說很大。（北1-25）

八　斷句錯誤造成標點誤用

樣本中斷句錯誤造成標點誤用，主要可歸納為：不宜點斷卻出現標點符號，連續多個句子卻未使用標點符號以及標點用錯位置三種情形，前兩種與語法的關係較為密切。

在多數的情況下，每一個單句必須使用一個標點符號點斷，如果為了強調句中的某些成分，例如：出現於句首的時間詞或處所詞，可以在它們的後面以逗號點斷；若要強調主語，可以在句子的主語和謂語中間稍作停頓，也就可以以逗號隔開等，除此之外，較少在一句話中再用逗號隔開其間的成分。但不宜點斷卻出現標點符號的情形其實不少，像：

89.輪到在場的去把花，放到死者的棺上，（北1-17）

90.正當，我要騎上腳踏車時突然聽到了喵喵的聲音（南-44）

這兩個例子是頗為典型的錯誤樣本，它們分別都只是一個單句，例89是一個處置式，處置賓語和述語之間不宜用標點隔開；例90句中出現表示時間的介賓結構「正當我要騎上腳踏車時」，可以在介賓結構的後面以逗號點斷，但樣本卻在介詞「當」後即點斷。

學童作文裡，連續多個句子卻未使用標點符號的情形極為普遍，早已成為國文老師批改作文頭痛的問題（施教麟，2001），這種情形

在樣本中更是多見，略舉數例於後，並在例子裡嘗試將樣本未使用的
標點以（　）的方式補上：

91.從這個時候，我決定要用功的讀書（，）以後考上公立的高
中、大學（，）找一個好工作，賺錢買新房子給家人住。
（北1-19）

92.在上台的前一刻（原誤作「克」），有一位學姊和我說她好緊
張（，）她問我怎麼辦？（北1-25）

93.在我媽媽二十歲的時候就嫁給我爸爸（，）在二十一歲生下
我哥。（南-31）

94.雖然連續五天都吃著苦苦的西藥（，）但是為了能早點康復
（，）只好忍吧！可是一看到母親那一面慈祥的臉[14]（，）
我就一直想早一點好起來，好讓母親能早點休息（，）也能
放下我在他心中的一粒大石頭。（中-26）

95.嘉義那個工作很輕鬆（，）薪水八萬多元（。）可是我媽媽
在我家那裡走路只要五分鐘的公司雖然比較近（，）可是薪
水才三萬多（，）好少喔（原作「ㄛ」）！可是我媽媽在我
十歲的時候找到一個公司五萬元（，）可是我媽媽又為了我
放棄（，）因為太遠了。（南-31）

96.等我媽媽六年級畢業的時候我媽就不讀了（，）因為我阿嬤
身體不好（，）加上家裡很窮（，）所以我媽媽就要幫忙賺
錢。（南-31）

---

14 本例這個句子另外還有兩個明顯的錯誤，一是「那一面慈祥的臉」量詞使用錯誤，
這與詞語搭配有關，中文裡多數的名詞都有一些專門適合它們使用的量詞；其次是
「可是一看到母親那一面慈祥的臉」的「可是」，屬於複句關聯詞語使用失當的問
題，這將在下文討論。

這些例句的情況，有些是同一主語多個單句，未將句與句之間斷開，像例91至例94；有些是主語已經轉換，卻仍未斷句，像例95、例96。

　　還有一些例句純屬標點的誤用，雖然跟語法的關係較少，但我們仍選錄幾個例子在下面：

　　　97.在我三年級時（，）我弟弟 ，就做了一件令我非常感動的事。（北2-10）

　　　98.媽媽他常說：「如果你們變壞了，媽媽也不用活了 ，（ 。 」）所以呢！我當然不可以變壞了。（南-38）

　　　99.結果到了出院的那一天，媽媽突然告訴我說：「你知道你為什麼住院嗎？（ 」）媽媽跟我說我得到急性腸胃炎。 」（南-1）

　　　100.現在才想起一句話：「唯有讀書高」，沒有讀書；（，）就沒有成就；沒有成就（，）就找不到工作。（南-32）

例97加方框是逗號用錯位置，可在「在我三年級時」的後面以逗號點斷；例98、例99是引號的使用發生錯誤，都只出現上引號，缺乏下引號，而且例98媽媽的話已經說完了，應該使用句號，卻仍用逗號；例100一方面分號使用不當，在「沒有讀書」後面只宜使用逗號，不該用分號，另一方面第二個「沒有成就」後面應使用逗號卻未用[15]。

---

15 對於本例所提出來的「讀書」、「成就」、「找工作」之間，在邏輯上也有問題，因為這屬於邏輯思維的問題，在此暫不討論。

九 複句關聯詞語使用失當[16]

　　複句是由兩個或兩個以上，在意義上有密切關係的單句（或造句單位）組合而成的。國中階段作文樣本使用的複句，以補充、順承、因果、轉折、遞進、並列、條件等複句關係為主[17]，其中補充複句與順承複句較少出現關聯詞語使用失當的情形，而並列複句本來就少用關聯詞語，所以複句關聯詞語使用失當的例子主要集中在因果、轉折、遞進、條件這四種複句類型裡。

（一）因果複句關聯詞語使用失當

　　常見的因果複句主要是「原因句＋結果句」的句型，其中原因句與結果句的次序可以互易。口語中，原因句常用「因為」、「由於」或「為了」，結果句則習慣使用連詞「所以」或「因此」。

　　樣本中的因果複句有些是把因果複句的關聯詞語用錯了分句；也有的分句具有因果的關係，卻用了非因果複句的關聯詞語，或未使用關聯詞語；甚至有不該使用卻一再出現關聯詞語的例子。

　　前已提及因果複句的關聯詞語，原因句主要使用「因為」、「由於」或「為了」，結果句則習慣使用「所以」或「因此」，但樣本中卻有將關聯詞語用錯了分句的例子：

　　101.在她三歲時因為發燒引起了輕微耳聾，這對她來說是極大的

---

16 複句的成分稱為「分句」，表示分句之間的關係的詞語除了連詞之外，某些副詞也具有表示分句關係的功能，因此本文將這種表示分句間的關係的連詞或副詞統稱為關聯詞語。

17 參見楊如雪〈九年一貫國語文寫作基本能力「句型及語法」階段指標規劃研究〉成果報告（計畫編號：NSC92-2411-H-003-066-）。

不便，她承受了這個打擊，她為了讓自己跟別人一樣，因為
（「所以」或因此））比平常人努力。（東-5）

例101「比平常人努力」是結果句，樣本卻使用了應出現在原因句的
連詞「因為」。

下面兩例是該用複句連詞卻未使用或誤用的例子：

102.他也讓我很感動的（，因為）他可以克服沒有媽媽的生活。
（中-19）
103.經過（由於）那次高年級打群架，我認識了他，一個把我推
入黑暗，和我墮落的學長。（北1-36）

例102「他可以克服沒有媽媽的生活」是「讓我很感動」的原因，應
使用原因連詞；例103「經過」一詞不太妥當[18]，可用「因為」或「由
於」，不過使用「由於」較為通順。

下面兩例都將轉折連詞誤用到因果複句裡：

104.到了換我的時候媽媽跟醫生說要給我打針，可是我一直不想
打針，於是我就哭了起來，媽媽就在旁邊安慰我，並且說：
「這不會痛，沒關係。」但是（所以）我只能不高興的說
好。（南-10）
105.我曾經看過，有一個人沒有錢去看醫生，可是（因為）她們
的父母親沒有錢。（中-31）

---

18 如果要保留「經過」，則在「那次高年級打群架」之後應加上「的事件」。

例104「我只能不高興的說好」其實是在前述的情況下一種無奈的表示，應用結果句的連詞；例105是要補出「沒錢看醫生」的原因，應用原因句的連詞。可是這兩個例子都把語意誤為轉折，所以使用了轉折連詞。

下面三個例子在複句連詞的使用上有多餘的現象：

106.我也和大家一樣，暈得頭暈腦脹，但我因為了和同學一起玩，怕我去休息，同儕們可能會不喜歡我了。（，）所以我就開始忍。（北2-40）

107.因為我跟舅舅，阿姨都不是很熟，因為外婆有十三個小孩，我母親是老大，其他人我都沒什麼印象，更別說表妹了。（北1-17）

108.可是後來開學了（，）所以每天都很忙，所以沒辦法常常餵牠，所以有時候（原誤作「後」）牠幾天都沒吃。（北1-11）

例106「和同學一起玩」以及作者「忍著頭暈腦脹不去休息」具有因果的關係，只用「為了」即可[19]；例107作者提出他與「舅舅、阿姨」、「（舅舅、阿姨以外的）其他親戚」以及「表妹」之間熟識的程度，說明自己跟表妹非常不熟，原因是外婆子女人數眾多，因此只在「外婆有十三個小孩」之前使用「因為」即可，第一個「因為」多餘；例108則是「所以」一再連用，其實第一和第三「所以」可不必使用。

---

19 如果要把因果複句再作細分，還可分出原因關係與目的關係，本例句屬於後者，目的分句連詞宜用「為了」。

（二）轉折關聯詞語使用失當

　　轉折複句的複句之間以一個分句修正另一分句，表現其不協調的觀念或事實，甚至截然相反的意思；或者以後一分句否定前分句，表現一種始料所未及甚至無可奈何的心情。通常轉折複句會在被修正或被否定的分句前出現「雖然」，而在另一分句中使用「然而」、「但是」、「可是」、「不過」、「卻」等關聯詞語。

　　樣本中轉折關聯詞語使用失當，主要在被修正或被否定的句子連詞使用錯誤：

109. 因為這次事情我才知道不但（雖然）會和我吵架（，）可是她是一位盡責的媽媽。（北1-29）
110. 但是（雖然）大街小巷到處都是掃不完的垃圾，他們還是熱心的為民服務。（中-20）
111. 因為這實在太感動了，我的家人也喜歡看，爸爸也喜歡看（，）可是（雖然）哥哥（也）喜歡看（，）可是不會哭。（北1-2）

例109作者要表達的意思應是：「（媽媽）雖然會和我吵架，可是還是很盡責」，「吵架」和「盡責」之間有些不協調，但樣本在「會和我吵架」之前卻誤用表示遞進的連詞「不但」；例110是描寫清道夫面臨「掃不完的垃圾」卻仍「熱心為民服務」，前句應用「雖然」，但樣本卻將應該用在後一分句的「但是」使用在前一分句上；例111提到某個電視節目，很感人，所以作者喜歡，他的家人也喜歡，而且多數的家人看了都會受感動而流淚，比較特別的是「可是哥哥喜歡看可是不會哭」，在前後分句都用了轉折連詞「可是」，第二個「可是」使用正

確，但第一個可是之後若能換成「雖然」語意當更清楚、語氣也較精確。

與轉折連詞搭配的副詞主要是「卻」或「竟然」，但下面例112誤作「就」：

> 112.作者從小到大拿過一大堆的第一名，但是他的爸爸就（卻）跟他說了一句話：「書念得再好，獎狀再多，也換不來一碗能夠溫飽的飯！」（中-6）

（三）遞進複句關聯詞語使用失當

分句之間在範圍、數量、程度等方面有層次的分別，可以表示層層遞進或遞減的關係，稱為遞進複句。

遞進複句如果是後面的分句比前面的分句在層次上更進一層，含有加合的關係，那麼常見「不但……而且（並且）」、「不僅……還要」這種關聯詞語同時出現在前後分句中，也可以只在後一分句使用「並且」、「而且」。

樣本中也有一些遞進複句關聯詞語使用失當的例子，例如：

> 113.你要認清對方的關心，接納它，（可用「然後」或「並且」）把溫暖傳給每一個人。（東-10）
> 114.而老奶奶讓我感動的地方是，因為老奶奶年紀滿（原作「蠻」）大的，然而她卻以撿寶特瓶或撿一些人家不要的，但（而且）不是可以繼續使用的東西為生。（東-15）

例113「你要認清對方的關心，接納它」與後分句「把溫暖傳給每一

個人」之間，可視順承關係或遞進關係，若認為具有順承關係，宜用「然後」，若認為屬於遞進關係，則要使用「並且」或其同意詞[20]；例114「因為」以下提出作者感動的原因，所以這個原因句使用的連詞正確，不過在整個原因句中「老奶奶年紀大」和「她撿寶特瓶等東西賣點錢為生」之間具有轉折關係，所以在「她卻以……為生」之前使用轉折連詞「然而」，這也沒問題，問題在老奶奶所撿拾的東西是「人家不要的」與「不是可以繼續使用的」之間，具有更進一層的意思，不屬轉折關係，而是遞進的關係，不宜用「但」，而要用「而且」[21]。

　　下面這個例子比較特別，這段話提出兩個情況讓作者忍著「苦」吃下藥，一是「為了早點康復」，一是「希望母親能早點休息、早點放心」，這兩種情況其實後者比較重要、比較凸出，所以可以使用「尤其」這個副詞來強調[22]，但作者卻用了「可是」，反而讓語意不協調：

　　115.雖然連續五天都吃著苦苦的西藥（，）但是為了能早點康復
　　　　（，）只好忍吧！可是（尤其）一看到母親那一面慈祥的臉
　　　　我就一直想早一點好起來，好讓母親能早點休息（，）也能
　　　　放下我在她心中的一粒大石頭。（中-26）

（四）條件關聯詞語使用失當

　　以一個分句先提出事情賴以發生的條件或前提，另一分句表示在

---

20 這裡個人認為具有遞進關係語意較為強烈，所以將其關聯詞語的誤用歸到遞進複句中。

21 這個例子其實在「因為」和「老奶奶年紀滿大的」之間還可加入與下文「然而」配對使用的轉折連詞「雖然」。

22 「尤其」的用法參見北京大學中文系1955、1957級語言班編〈現代漢語虛詞例釋〉頁505。

此條件、前提之下產生的結果,是為條件複句。

　　條件句所提的條件,可以是積極限制的條件,也可以表示任何條件無一可免。積極限制的條件主要用「只要」這個連詞,而任何條件無一可免,則要用「無論」、「不論」或「不管」。

　　學童作文樣本條件複句關聯詞語的誤用,常見的是在表示任何條件無一可免時:

> 116.我覺得每個人都需要被愛、被關懷、被幫助,不分男女老少,(不論)是富有的人,或是貧困的人,他們都需要。(東-12)
>
> 117.由這次的經驗,我知道當往後如果(無論)遇到什麼事時,都應當機立斷,不可猶豫不決……到最後,責任也得負(「負」,原誤作「付」)。(東-6)
>
> 118.因為只有(只要)一看到它們,就會想起當年父親在燈光下,認真的幫我縫製手搖鈴的景象。(北2-43)

例116可以在「是富有的人」前補入「無論」,也可以將「不分」的語氣貫下來,把「是富有的人」改成「也不分富有的人」;例117運用連詞「如果」只表示假設的語氣,改為「無論」可顯出既堅決又不會有例外情況的語氣;例118很可能「只有」是「只要」的筆誤。

第四節　導正學童作文語法錯誤的教學策略

　　在《國民中小學九年一貫語文學習領域課程綱要》(教育部:2003。以下簡稱《語文學習領域課程綱要》)中對於國語文的基本理念的陳述裡,特別指出「期使學生具備良好的聽、說、讀、寫、作能

力」，亦即國語文能力應包括聽、說、讀、寫、作各項能力，而作文能力是語文表達能力中，較易掌握的一環，因此觀察學童的作文能力，其實也可看出其語文程度。

出現在學童作文樣本中關於語法方面的錯誤現象大抵已如前述，這些琳瑯滿目的語法錯誤現象，多數令人覺得錯愕或感嘆，因為作文能力的好壞，其實是學童國語文程度好壞的指標，換句話說，學童作文能力與其國語文能力成正相關，今日學童的作文錯誤連篇，國語文程度的好壞其實可想而知。因此在掩卷興嘆之餘，不得不深思：要如何才能改善學童作文所出現的這些語法錯誤？所以以下企圖提出相關的教學策略，供教師參考，希望能避免學童作文出現類似的語法錯誤現象。

國語文能力所包括的聽、說、讀、寫、作各項能力中，閱讀能力與寫作能力相輔相成，閱讀是語文能力獲得的過程，寫作則是語文能力的展現。而學童的閱讀經驗最重要的來自於國語文教科書中的範文，因此學童作文能力的根本即建立在國文教師教學時的範文讀講上，所以唯有從範文教學入手，才能達到提高學生作文能力的效果（王更生，1997）。

現今國語文教材語體文所佔的比例頗高[23]，因此教師正可以利用範文教學的機會，在培養學童閱讀能力的同時，也藉此來提升學童的作文能力。

（一）可運用的教學策略

在進行「句子」的教學時，清楚的引導學童了解什麼是句子，簡單的說：句子可以分成兩個部分，前一部分是被描述或說明的主體事

23　《語文學習領域課程綱要》對於第三階段教材中語體文佔總選文的比例為85%～65%。

物，後一部分是對主體的描述或說明。句子中的主體事物稱為「主語」，對主體的描述或說明稱為「謂語」。其次可運用下列的策略以避免不同的語法錯誤：

1 找出句子的基本成分

教學時，引導學童先分出句子的主語、謂語，再以畫線的方式找出句子主語、謂語中的基本成分[24]。在這項活動中，一方面可讓學童掌握句子的成分，了解句意；另一方可引導學童發覺語句成分在句子裡的先後順序；更進一步可找出語句的省略成分，亦即掌握在各種語言環境中，哪些成分可以省略，而不影響語意，哪些成分不宜省略，因為省略可能造成讀者對語意的誤解；經過這些步驟，應能輕易的概括出段落的意旨。

這項活動對於避免詞語的搭配不良或語句成分不當省略、語序錯誤等都有相當的助益。

2 找出修飾成分和補充成分

在上述的基礎上，引導學童找出在基本成分之外的修飾成分或補充成分[25]，並對只保留基本成分的句子以及帶有修飾成分、補充成分的句子進行比較，以體會出修飾成分、補充成分的作用；進而引導學生從造句活動中體會句子基本成分與修飾成分的關係和語序的先後[26]。這樣，可以避免詞語搭配不良以及語序失當，甚至「得」與

---

24 另外尚可參考本書上編第五章、下編第三章的相關敘述與活動設計。

25 這裡的修飾成分指廣義的修飾成分，包括出現於偏正結構中的定語、狀心結構中心語前的狀語（副語）、介賓結構；補充成分則指出現在中心語後的補語（補足語）、介賓結構。

26 可參考本書下編第二章句型教學的相關活動設計。

「的」的誤用，也可利用語句中的詞語順序來作說明[27]。

3 強調判斷句「主語」和「斷語」的同質性

對於判斷句的句型介紹，應說明斷語主要在說明主語的類屬、描寫主語的狀況、特徵或屬性，肯定的判斷句主語和斷語往往具有同質性；此外尚可進一步說明肯定判斷句「A 是 B」往往可表示「A 等於 B」的概念，所以主語和斷語多數的情況下必須是同性質的人或事物。這有助於避免判斷句斷語與主語非同質的錯誤現象。

4 高聲朗讀以體會文章的氣勢

不論文言或語體，都可藉由朗讀以體察作者的感情；透過聲音的輕重、緩急、強弱以及停頓或連續、語調的高低、節奏的變化等，在字正腔圓與抑揚頓挫中，往往能再現作者寫作該篇文章的真實情感。而文章中的虛詞最容易展現作者的感情，透過虛詞可以表現作者種種不同的情緒，例如：情感的轉折、語意的反詰、語氣的肯定或疑惑，甚至喜樂時的驚訝或讚嘆、哀傷時的痛惜與懊悔、憤怒時的難平或沮喪、強烈的希冀或要求也常用虛詞來增強其表達的強度。因此指導學生朗讀，一方面可以深切體味作者的情感，另一方面也可以從中掌握虛詞的用法和語句的節奏，這對於寫作時如何使用正確的助詞與複句關聯詞語，甚至在斷句與標點符號的使用方面，都有相當的助益。

5 教導學童避免將母語的語句直譯為國語

至於受到母語語法影響所造成的錯誤，以目前的情況來說，好像

---

27 例如：「的」通常出現在「表領屬的名詞（代詞）＋的＋名詞」以及「形容詞＋的＋名詞」的語句環境中；而「得」則主要出現在「動詞＋得＋補充成分」或「形容詞＋得＋補充成分」的語句位置上。

較難避免，因為不少的範文其實中間就會夾有方言母語的詞彙或句型。不過教師或可引導學童透過範文例句的賞析，了解作者在範文裡夾雜方言母語，多數為了「存真」，因為那些文句往往具有特殊性，或者較難以國語來表達，它們對於文章具有加分的作用；可是如果只是普通的語句，卻夾雜方言，就難以達成這種作用。因此，不論在說話或寫作的教學中，可教導學童避免將母語的語句直譯為國語，來避免國語與方言雜揉的情況。

（二）策略運用學習單

以下嘗試以劉克襄〈大樹之歌〉第二段至第四段為例，說明藉由閱讀教學可以進行哪些活動，以減少學童作文裡的語法相關錯誤。不過要特別聲明的是：這裡為了說明方便，所以同時列舉了幾個可能的訓練策略，將它們安排在一張學習單中，但並非希望教師在一份學習單中就同時進行這幾種類似的活動，教師在教學時可以選擇適當的時機，把這些訓練分別融合在每次的閱讀訓練當中。

在這張學習單的活動裡有幾個學習重點：

1. 第一項活動，標出句子的重要成分，目的在找出每一句話的基本成分，讓學童更清楚的掌握句意。其中第一句的主語承接前一段的最後一句，省略了[28]。而「它是一棵雀榕」，是一個典型的判斷句，可以利用機會指導學童了解這種句型中「主語」和「斷語」的關係，「斷語」主要對「主語」進行解釋、說明，所以必須性質相同或具有同一的指涉，在本句中「它」指的就是「雀榕」。

---

28 〈大樹之歌〉第一段：冬末時，我們去北海岸拜訪一位爸爸的老朋友。他的年齡比阿公和爸爸的年紀加起來都還大。至於到底有多大？我也算不出來，也不想猜了。反正，他看起來還是很強壯，很能生長的樣子。他住的地方，靠近金山一條小河的河口邊。他——是看著金山鄉長大的一棵大樹。

2. 利用第一項活動的第一句話具有的省略現象，帶出第二項活動：
找出句子裡被省略的重要成分，並將它們補出來。這項活動可能
需要老師較多的引導，可先像第一項活動一樣，指導學童找出句
子的重要成分；再觀察每個句子裡重要成分出現的情形，讓學童
從重要成分的出現與否，了解語句成分的省略，以及省略了哪些
成分。

3. 在第二項活動中，可以發現最後一句的句型非常特殊，是一個倒
裝的句子，於是帶出第三項活動。本活動可以從尋找這句話的動
詞入手，這句話裡出現了「見」和「發現」兩個動詞，但是
「見」後面出現結構助詞「的」，很明顯的「常見」是對「酢漿
草、鼠麴草、黃鵪菜、馬齒莧等」進行修飾，已轉為形容詞的性
質，所以只剩下「發現」是真正的動詞；從這裡再引導學童找出
「誰」「發現」的？「發現」了「什麼」，這樣先把語句成分補足
後，再進行語序的說明，也許較容易發現語句的倒裝現象。在進
行這項活動時，可以視情況引導學童認識句子重要成分的語序。

4. 第四項活動希望學童能從標出句子的重要成分延伸到歸納出整個
段落的大意，有助於對篇章意思的掌握。

5. 最後經過第五項活動的比較，希望學童能找出文章中轉折的關
鍵，藉此機會引導學童認識複句的關聯詞語。

不過有些較專門的術語，不見得要同時帶出，可視各班學童的程度作
彈性處理。[29]

---

29 感謝臺北市南門國中吳蔚君老師對學習單內容的難易以及學習重點說明的部分提供
寶貴的意見，學習重點第二項、第三項有些是根據吳老師的意見進行修訂、補充的。

大樹之歌學習單

_____班 _____號 姓名：_____

（一）在下列段落中，請以不同的線條把句子的重要成分標出來：

> 什麼樣的樹呢？它是一棵雀榕。雀榕的枝幹通常長有許多肉紅色的漿果，平地的鳥群最愛集聚那兒，所以它應該也有許多鳥朋友。河口附近還有許多雀榕，樹齡都和這一棵差不多。感覺上這個河口應該是一個大樹群生的地點，就像象群集聚的泥沼地一般的情景。

（二）下面這個段落中，有一些句子的主要成分省略了，請你把它們補上去：

> 這棵基部足足可讓四人擁抱的大樹，葉子已經落得一乾二淨，只剩肥胖的軀幹和枯枝伸向清冷的天空。以前爸爸去金山賞鳥，都會順路去探望它。有一次，我在它身上粗略統計了一下，還有十來種草木寄宿在它身上；像常見的酢漿草、鼠麴草、黃鵪菜、馬齒莧等，都會發現。

（三）當你補出省略的成分後，請你看看「像常見的酢漿草、鼠麴草、黃鵪菜、馬齒莧等，都會發現。」這句話跟其他的句子，在語句成分的次序方面有什麼不同？

（四）請以<u>畫線的方式</u>標出下列兩段文字的重點，並將段落大意歸納
　　　出來：

　　這棵基部足足可讓四人擁抱的大樹，葉子已經落得一乾二
淨，只剩肥胖的軀幹和枯枝伸向清冷的天空。以前爸爸去金山賞
鳥，都會順路去探望它。有一次，我在它身上粗略統計了一下，
還有十來種草木寄宿在它身上；像常見的酢漿草、鼠麴草、黃鵪
菜、馬齒莧等，都會發現。

　　整段的意思是：_____

　　但附近的人並非很善待它，他們在它身上纏繞了電線，還掛
魚網鋪晒，樹幹間的樹洞裡也堆積著廢棄的空罐頭和保特瓶。我
們仔細探視這位老朋友，它的枯枝已有一些紅色的嫩芽，準備挣
出天空了。下個月再來，想必已蓊鬱成一片樹海！

　　整段的意思是：_____

（五）請你從上列兩段文句中，找出作者與當地人對待雀榕的方式，
　　　說出其中的不同，並指出兩段之間轉折的關鍵。

第四節　結語

　　學童作文能力的好壞，其實是其語文能力的指標；而語文是工具學科，是多數學科的基礎，所以語文能力的良窳，更關係到學童多數學科或學習領域的表現。本文寫作的目的不在消極的指出學童作文的錯誤現象，而是希望透過這些錯誤現象的呈現，提出在範文教學中可運用的策略，企圖減少學童發生類似的錯誤。

　　另一方面有鑑於目前坊間的參考書或測驗卷，對教材的分析往往處理得過分支離，甚至只強調課文中語法或修辭的個別現象，忽略了文章的全貌，所以也藉此呼籲老師們，進行範文教學時，宜多注意學童閱讀能力的培養，因為閱讀是語文能力獲得的過程，如果忽略閱讀能力的培養，期望學童的語文能力或作文能力提升，那是一項不可能的任務。

第五章
成語的語法特色與教學策略

第一節　前言

　　成語是一種習慣用語，形式不一，通常以四言為主。這些四言的習慣用語，以精練的語言形式出現，一般而言都有出處、來源，可表達豐富的意義內涵。其構成的部件雖都是詞，但卻由那幾個詞形成一個整體：在意義上，成語的實際內涵，往往是隱寓在成語中，並不等於各個詞的意義簡單相加，也不是各個詞字面意思的簡單組合，而是透過字面意義，利用詞彙意義的引申、變化，或經由譬喻、借代等修辭手法，形成一個完整而豐富的意涵；在形式上，它們通常結構固定，在語言運用中都是以一個完整、固定的結構形式出現，是一種語言中簡短有力的固定詞組。

　　成語一般而言都有來源、出處，不少常用的成語是由歷史故事概括出來的，後人把這些歷史故事凝煉為成語，用來表示某種含義；同時古代的寓言故事、古人的詩歌、文章也都可能是成語的出處。因此成語往往具有鮮明的形象、生動而概括的語言、豐富的文化意涵等特點，表現力非常強，所以深為人喜愛。另外如果能恰當地使用成語，不僅可以增強語意表達的清晰度、精準度，又能以簡短的文字表現豐富的意涵，有效地提高語言的表達力。不過因其實際內涵，往往是隱寓在成語字面的比喻義或引申義之中，而且還具有很深的文化意涵，因此縱使是以華語為母語的人，在使用時也有錯用、誤用的時候。

在習得第一語言時，往往能同時習得文化；在第二語言的學習過程中，則不容易同時習得目的語的文化[1]。而在第二語言的學習與教學中，目的語的習慣用語向來是教學的難點[2]；成語是習慣用語中，最重要的一環，漢語成語的數量又非常龐大[3]，在對外的華語文教學時，成語教學自然就顯得相當重要；尤其是在外籍人士學習華語的中、高級階段，成語的學習往往佔有重要地位，它屬於辭彙教學的一部分，但它有別於一般的辭彙教學，有其獨特性[4]。

成語的語法結構實際上已包含了漢語語法的多數特點，因為一方面，有些成語內部可以顯示漢語構詞法與造句法的共性或基本規則；另一方面，有些成語又能反映漢語語法的殊性或特性。以下便以四音節成語為例，從這兩個部分來談漢語成語的特色。

第二節　成語顯示漢語構詞法與造句法的共性或基本規則

漢語構詞法與造句法的結構規則基本相同，不論語素組成詞，詞組成短語結構或句子，基本上共用同一套規則，其組成的結構主要為：並列、偏正、主謂、述賓、狀心、補充六種關係，檢視四音節成語的內部結構，也可以發現這六種關係。

1　何淑貞等（2008：26）。

2　潘先軍（2006：54）。

3　教育部《成語典》網路版計收有典源而用法足資參考的成語共5123條，另有《附錄》及《重編國語辭典修訂本》的成語23385條，全書共計28508條。以下文中提到的成語的意義、典故說明等，均採用教育部《成語典》網路版的說法（http://140.111.34.46/chengyu/sort_pho.htm）。

4　潘先軍（2006：54）。

一　並列關係

　　內部具並列關係的四音節成語，除了少數像「酸甜苦辣」[5]是四個詞的並列以外，就屬由兩個內部結構完全相同的雙音節詞語並列的結構類型最常見。成語內部，並列的兩個雙音節成分，可以同樣都是修飾關係[6]、主謂關係、述賓關係、狀心關係等。例如：「大刀闊斧」、「群山萬壑」、「萬紫千紅」、「瓜田李下」（以上是兩個「形容性修飾語＋被修飾語」的並列）、「花紅柳綠」、「山明水秀」、「車水馬龍」（以上是兩個「主語＋謂語」的並列）、「悲天憫人」、「成仁取義」、「去蕪存菁」、「砥志勵行」、「加油添醋」（以上是兩個「述語＋賓語」的並列）、「不卑不亢」、「星羅棋布」（以上是兩個「狀語＋中心語」的並列）等。

二　修飾關係

　　具有修飾關係的成語，常見帶有修飾結構標誌的「之」字，例如：「一家之言」、「八拜之交」、「燃眉之急」、「一丘之貉」、「身外之物」、「無稽之談」、「鐵石之心」、「強弩之末」、「烏合之眾」、「無妄之災」[7]等，這種形式的成語，修飾語和被修飾語在音節數目的比例往往是二比一，結構標誌的「之」出現在修飾語和被修飾語之間。另有一種具有修飾關係卻未出現結構標誌的成語，修飾語和被修飾語之音節數目常為二比二，在語意的理解上亦可在修飾語和被修飾語之間

5　此四音節成語雖乏典故出處，但收在教育部《成語典修訂本》的參考資料中。

6　這裡的修飾關係指狹義的修飾關係，即「形容詞性的修飾語＋名詞性被修飾語」的結構。若為「副詞性修飾成分＋動詞性或形容詞性被修飾成分」則歸為狀心關係。

7　此成語出於《周易》，本作「旡妄之災」。

加入結構助詞「之」，例如：「康莊大道」、「晴天霹靂」、「半壁江山」
等。

三　主謂關係

　　以主謂關係組成的四音節成語，如果獨立來看，它本身就是一個
完整的句子，例如：「河東獅吼」、「老馬識途」、「葉公好龍」、「名動
公卿」、「心花怒放」、「芙蓉出水」、「人盡其才」、「蓬蓽生輝」、「妙筆
生花」、「江郎才盡」、「桃李滿門」、「兄弟鬩牆」、「天假之年」[8]、「利
令智昏」[9]（動詞謂語類型的主謂短語）、「老天有眼」、「六神無主」、
「目中無人」、「日月無光」（存在句類型的主謂短語）、「滄海桑田」、
「大智若愚」（名詞謂語類型的主謂短語）、「道貌岸然」、「啼笑皆
非」、「四大皆空」、「妾身未明」（形容詞謂語類型的主謂短語）等
都是。

四　述賓關係

　　述賓關係形成的四音節成語，主要是以動詞謂語句的形式出現，
亦即成語內部為一述賓短語，例如：「搬弄是非」、「拿捏分寸」、「投
其所好」、「成人之美」、「為人師表」、「得其所哉」[10]等，這幾個成語
中，「搬弄」、「拿捏」、「投」、「成」、「為」、「得」都是述語，除了
「得其所哉」的「哉」以外，成語中其餘的成分均為賓語。

8　「天假之年」是帶雙賓語的敘事句形式，謂語中，「假」是述語，「之」是受事賓語、
　　「年」是賓語。
9　這個成語的謂語是兼語結構。
10　此例在謂語結構之後尚帶有語氣助詞「哉」。

五　狀心關係

在一個副詞性的修飾成分後帶述賓式被修飾成分，或帶形容詞性的被修飾成分，是為狀心關係，例如：「不恥下問」[11]、「虛應故事」[12]、「大動干戈」、「大發雷霆」[13]、「為虎作倀」[14]、「豁然開朗」[15]（以上成語內部只有一層狀心關係，即：「狀語＋中心語」；前五者中心語為述賓短語）、「妄自菲薄」[16]、「恍然大悟」、「大聲疾呼」[17]（以上具有兩層狀心短語，即：「〔狀語＋〔狀語＋中心語〕〕」）等。

六　補充關係

常見的補充式四音節成語，主要為形容詞謂語句的形式，像：「迫不及待」、「苦不堪言」、「明察秋毫」、「嚴於律己」等，其中「迫」、「苦」、「明」、「嚴」都是形容詞謂語，補語「不及待」、「不堪言」、「察秋毫」主要說明表語的「（急）迫」、「（痛）苦」、「（眼睛清）明」到達了何種程度，而「嚴於律己」則以介賓短語「於律己」

---

11 不以向身分較低微或是學問較自己淺陋的人求教為羞恥。語出《論語・公冶長》。
其結構是：「不（狀語）＋恥下問（中心語）」；「恥（述語）＋下問（賓語）」，其中的述賓關係是意動用法，即「以下問為恥」之意。
12 指依照成例，敷衍了事。其結構為：「虛（狀語）＋應故事（中心語）」；「應（述語）＋故事（賓語）」；「大動干戈」、「大發雷霆」的結構與此相同。
13 本作「發雷霆之怒」，語本《三國志・卷五八・吳書・陸遜傳》。
14 本例以介賓短語「為虎」為狀語。
15 眼前頓時開闊明亮起來。語出陶潛〈桃花源記〉。後亦用「豁然開朗」形容心境忽然變得開闊暢快。亦用於形容突然領悟到某個道理。其結構是：「豁然（狀語）＋開朗（中心語）」；「開朗」為形容詞謂語的性質。
16 「妄自菲薄」的結構是：「〔妄（狀語）＋〔自（狀語）＋菲薄（中心語）〕〕」。
17 「恍然大悟」的結構是：「〔恍然（狀語）＋〔大（狀語）＋悟（中心語）〕〕」，「大聲疾呼」的結構亦同。

為補語;「算及錙銖」、「繩之以法」同樣是中心語後帶一個介賓短語,不過「算及錙銖」的「算」是述語,「及錙銖」是表示範圍或方面的介賓短語,「繩之以法」的「繩之」是述賓短語,「以法」是後置的憑藉介賓短語,兩者都是動詞謂語句的形式。

第三節　成語所反映的漢語語法特性

成語不但能顯示漢語構詞和造句的基本規則,同時,也能反映漢語語法大多數的特色。成語可以反映漢語語法在成分省略、語序變化、詞類活用、被動語態、致動用法等特點,而且許多成語之間還具有類似複句的關係,所以能表現多樣的複句關係方面的特色。

一　成分省略

漢語的成語,最大的語法特色應非成分省略莫屬。

前已提及成語的使用意義,往往不是字面意思的總合,而是利用詞彙意義的引申、變化,或經由譬喻、借代等修辭手法,形成一個完整而豐富的意涵。很多成語進入到句子裡時,在語用的層次上,往往用的是整個成語的譬喻義、引申義,例如:

1. 這場棒球賽真精彩,客隊把主隊打得落花流水,主場優勢根本沒派上用場。
2. 你怎麼會為虎作倀,幫這群壞學生勒索其他同學呢?
3. 這部機器無多大毛病,你何必如此大動干戈拆掉重組呢?
4. 平時嘴裡老是喊著對朋友要講義氣,可是朋友有了燃眉之急,卻一點忙都幫不上。

　　5. 儘管已經很晚了，不過燈會仍是行人熙攘、車水馬龍。

　　6. 媽媽又在對爸爸河東獅吼了，這下子，爸爸可有得罪受了。[18]

例1的「落花流水」本指凋零的落花隨著流水漂走，形容暮春殘敗的景象；亦可用以形容零落殘敗，亂七八糟的景象；在此專指遭痛擊後的慘狀。例2的「為虎作倀」本是指被虎咬死的人，靈魂將化為鬼而為虎所役使，現在多用其比喻義，指幫惡人做壞事。例3的「大動干戈」原指雙方交戰激烈，此用來比喻行事大肆聲張、勞師動眾或大費手腳。例4的「燃眉之急」原指像火燒眉毛般緊迫，在此用以形容事態嚴重、情況危急。例5「車水馬龍」本是指車、馬絡繹不絕，引申景象十分熱鬧的意思。例6「河東獅吼」的「河東獅子」，原是蘇軾用以暗指陳季常那位凶悍善妒的夫人，後來這個成語便用來比喻妻子像陳季常夫人一樣凶悍發威。

　　以上這些成語都是以譬喻義或引申義出現在例子裡，但我們在使用時，不必刻意說成「像落花流水般的殘敗景象」、「事態嚴重得像火燒眉毛般緊迫」、「像陳季常那位凶悍善妒的夫人一樣凶悍發威」等，只要這些成語出現，成語背後典源或出處的原始形象，往往也跟著呈現在讀者或聽眾的眼前。所以成語這種透過成分省略的方式，以簡易的形式出現，應是它在使用上最大的特色。

　　而有些成語本身就以成分省略的形式出現，即內部結構成分有所省略，內部成分省略的成語最常見於主謂式和補充式的成語裡。

　　主謂式成語以省略的形式出現的，例如：「滄海桑田」是「滄海變為桑田」的省略，「杯弓蛇影」是「杯弓成蛇影」的省略；「車水馬龍」是「車如流水，馬如游龍」的省說，「唇槍舌劍」即「唇如槍，舌似劍」的省略（以上省略的都是譬喻的喻詞）。「身先士卒」是

────────────

18 以上例句多數改寫自教育部《成語典》網路版。

「（將帥自己）先於士兵」；「兄弟鬩於牆」省略成「兄弟鬩牆」；「名聞天下」、「名滿天下」都是名聲「聞於天下」、「滿於天下」的省略（這幾個成語省略的成分是介詞）。而例1裡的「落花流水」，也是一個主謂式成語，成語裡雖然出現主語「落花」，謂語中心動詞應是「流（去）」，但是結構中只出現狀語說明落花「（隨著）流水」，並未將「流去」點出。

結構成分省略的補充式成語，例如：「逐鹿中原」、「運籌帷幄」、「束之高閣」、「剪燭西窗」、「葬身魚腹」、「置身事外」、「流芳百世」、「遺臭萬年」等，這種結構類型基本上都是述賓短語後加一個處所詞或時間詞，在述賓短語與處所詞或時間詞之間，都可以加上一個處所或時間的介詞。

甚至有些成語把句中主要的基本成分，例如：主語、動詞述語或述賓結構等都省略，只留下一些原本是附加的成分，例如「虎尾春冰」原是「若蹈虎尾，涉於春冰」，用以比喻處於極端危險的環境，成語本身只剩下兩個處所詞；而「瓜田李下」也只是兩個處所詞，是「瓜田不納履，李下不正冠」這個複雜形式的縮略。

因此，透過語句成分的省略，以類似縮略的簡潔形式出現，表現豐富的意涵，可以說是成語的最重要特色。

二　語序變化

漢語的語序，大抵是施動者在前，動作居次，動作支配的事物在後，亦即「主語＋述語＋賓語」的語序關係。但語言在實際使用時，並非完全拘守這樣的規律。於是就有語序變化的情況發生，也就是俗稱的「倒裝」。有些成語也能反映一部分漢語語序變化方面的特色，例如述賓短語的賓語前置，主謂短語的主語後置。

（一）賓語前置

述賓短語的賓語前置，有些是有標誌的，有些是無標誌的。有標的賓語前置，主要是古漢語的遺留，無標的賓語前置則往往有強調賓語的作用。

1　有標的賓語前置

成語反映有標的賓語前置，分別見於帶有疑問代詞賓語的成語、帶有否定語氣的成語以及帶有結構助詞「是」的成語。

（1）帶有疑問代詞賓語（含介詞賓語）的成語賓語前置

古漢語疑問代詞擔任賓語或介詞賓語時，常會前置於述語或介詞，例如：

> 7. 吾誰欺？欺天乎？（《論語・子罕》）
> 8. 客何好？……客何能？（《戰國策・齊策》）
> 9. 在於王所者，長幼卑尊皆薛居州也，王誰與為不善？（《孟子・滕文公下》）
> 10.君奚為不見孟軻也？（《孟子・梁惠王》下）

例7、例8疑問代詞賓語「誰」、「何」分別前置於動詞述語「欺」、「好」、「能」；例9、例10疑問代詞賓語「誰」、「奚」分別前置於介詞「與」、「為」。

成語也能看到疑問代詞賓語的前置，例如：「何去何從」指去哪裡、跟隨哪個，比喻在重大問題上無法作決定，「何」前置於述語「去」、「從」。

（２）帶有否定語氣的成語代詞賓語（含介詞賓語）前置

　　古漢語的否定句如果遇到代詞賓語，有些也會前置，像：

11.三歲貫女，莫我肯顧。（《詩經·魏風·碩鼠》）

12.莫我知也夫！（《論語·憲問》）

13.然而不王者，未之有也。（《孟子·梁惠王上》）

14.仲尼之徒，無道桓、文之事者，是以後世無傳焉；臣未之聞也。（《孟子·梁惠王上》）

　　上面這四個例子，前兩例以否定代詞「莫」為主語，代詞賓語「我」都前置於動詞述語，「莫我肯顧」即「莫肯顧我」，「莫我知」即「莫知我」；後兩例因為句中帶有否定副詞「未」，其賓語「之」分別前置於述語「有」、「聞」，「未之有」即「未有之」，「未之聞」即「未聞之」。

　　而在成語裡表現否定句代詞賓語或介詞賓語前置的，只見於少數具有否定語氣的成語，包括主謂式成語和帶介賓短語的成語，例如：「時不我與¹⁹」、「時不我待²⁰」、「莫余毒也²¹」、「莫之與京²²」等，這些成語主要反映上古漢語代詞賓語在否定句裡常有的前置現象。這種前置現象與前面提到的疑問代詞賓語前置，在現代漢語中已不如此，所以純粹是古漢語的遺留。

---

19 亦作「歲不我與」，時間不等待我們。比喻錯失時機，後悔莫及。

20 時間或機會不會等待。比喻要善於把握時間或機會。

21 指不能毒害我。比喻可以為所欲為，毫無顧忌。語出《左傳·僖公二十八年》：「晉侯聞之而後喜可知，曰：『莫余毒也』。」

22 或作「大莫與京」，京，大；「之與」即「與之」的倒置。指沒有什麼比它更大，用以形容極大。語出《左傳·莊公二十二年》。

（3）以結構助詞標示賓語前置

以結構助詞標示賓語前置亦屬有標的賓語前置，主要出現在狀心式的成語裡，以「唯……是……」為其固定格式，往往有強調賓語的作用，其中的「唯」是表示僅獨的範圍副詞，擔任狀語，「是」是結構助詞，出現在「是」前、後的成分分別是賓語和述語，異於一般敘事句賓語在述語之後的情況。例如：「唯利是圖」（即「唯圖利」）、「唯利是求」（「唯求利」）、「唯命是聽」（「唯聽命」）、「唯命是從」（「唯從命」）、「唯力是視」（「唯視力」）等。

以結構助詞標示賓語前置，在古漢語裡也頗常見，前面舉的幾個成語都是「唯……是……」的形式，這種形式以「是」為標示賓語前置的結構助詞，範圍副詞「唯」則不必然出現[23]：

15.周有大賚，善人是富。（《論語·堯曰》）
16.二三子其佐我明揚仄陋，唯才是舉，吾得而用之。（《三國志·魏書·武帝紀》）
17.惟兄嫂是依。（韓愈〈祭十二郎文〉）
18.先生之不從世兮，惟道是就。（柳宗元〈弔屈原文〉）

例15「善人是富」即「富善人」[24]；例16至例18都是「唯……是……」的形式，「唯才是舉」即「唯舉才」，「惟兄嫂是依」即「唯依兄嫂」，「惟道是就」即「唯就道」。

這種形式的賓語前置，跟疑問代詞賓語前置、否定句代詞賓語前置都屬古漢語的遺留，都是有標的賓語前置成語，所不同的是這種「唯……是……」形式的賓語前置在文言裡多見，在成語裡也常出

---

23 表示僅獨的範圍副詞「唯」、「惟」通用，以下引例，韓、柳二文依其文集作「惟」。
24 形容詞述語「富」為致動用法。

現，所以在現代漢語裡偶爾還有人仿作，仍可見到一些仿這種句式的例子，例如：「這件事你要是辦不好，我就唯你是問。」

以上這三種有標的語序變化，在古漢語裡其實很常見，尤其在對外漢語教學的中、高級階段較易遇到這類的相關問題。如果教師在中、高階段的對外漢語教學時，能充分利用這些成語的特點進行教學，對於學習者而言，應能收到不錯的學習效果。

2 無標的賓語前置

無標的賓語前置往往具有強調賓語的作用，這種無標的賓語前置成語，主要出現在中心語為述賓短語的狀心式成語中。例如：「青雲直上」，即「直上青雲」，其他像：「機關用盡」、「奇文共賞」、「孤芳自賞」、「居心叵測」、「分毫不差」、「壯志未酬」、「欲壑難填」、「錙銖必較」、「隻字不提」、「秋毫無犯」、「滴水不漏」、「童叟無欺」等都屬這種類型。另有少部分主謂式成語的賓語也前置，像：「蕭規曹隨」、「張冠李戴」，意思分別是「曹隨蕭規」、「李戴張冠」，是賓語前置於主語。

（二）主謂倒置

前已提及漢語的語序是主語先於謂語，但也有主謂倒置的特殊情形。成語反映主謂短語主語後置的也不少，主要出現在由兩個成分並列的成語裡，例如：「秀外慧中」[25]、「蓬頭垢面」[26]、「飛沙走石」[27]

---

25 原作「秀外惠中」，見於韓愈〈送李愿歸盤谷序〉，用來形容一個人容貌秀美，內心聰慧。

26 原作「亂首垢面」，形容人頭髮散亂、面容骯髒的樣子。語本《漢書・卷九九・王莽傳上》。

27 亦作「飛砂轉石」、「飛砂走石」、「走石飛砂」、「揚砂走石」等，意指沙土飛揚，石塊滾動。形容風力迅猛。

等，原來分別是：「外秀中慧」、「頭蓬面垢」、「沙飛石走」，都是兩個主謂短語的並列；而用以形容人口才好的「伶牙俐齒」、形容衣食充足的「豐衣足食」，以及表示以手腳比畫，幫助意思表達的「比手畫腳」，則不僅主謂倒置，又利用拆詞的方式，將原本兩個雙音節的複合詞拆開，分別重新穿插拼合，所以其原形只是一個主謂短語，「伶牙俐齒」原是指「牙齒伶俐」[28]，「豐衣足食」是「衣食豐足」[29]，「比手畫腳」原是「手腳比畫」。

三　詞類活用

成語反映詞類活用的現象，最主要的見於名詞活用作狀語。例如：「星羅棋布」用來形容布列繁密，如星星、棋子般的分布於天空或棋盤上；「風起雲湧」用以描寫氣勢雄偉，如大風颳起、如烏雲湧現；「風馳電掣」用以形容速度極快，像風那樣奔跑、像電光那樣急閃而過；「雷厲風行」指像打雷般猛烈、如颶風般快速，用以比喻政令執行嚴格、迅速；「龍盤虎踞」形容像神龍盤曲、像猛虎蹲坐著；「鱗次櫛比」形容建築物排列緊密，像魚鱗和梳齒那樣相次排列。這些成語裡的「星」、「棋」、「風」、「雲」、「電」、「雷」、「龍」、「虎」、「鱗」、「櫛」等原都是名詞，活用為狀語，主要修飾後頭動詞述語的狀貌。

另外有些成語裡的名詞活用為狀語，對後頭動詞述語作工具方面的修飾，例如：「一言難盡」指無法用簡單的話把事情說得清楚，表示事情非常複雜；「妖言惑眾」是用怪誕的邪說去迷惑眾人。這兩個成語中的「一言」、「妖言」都是狀語，表示動詞述語行為動作賴以憑

---

28 「牙齒」借代口才。

29 表示生活富裕。語出唐・齊己〈病中勉送小師往清涼山禮大聖〉詩。

藉的工具。又如在並列式的成語中,「口誅筆伐」表示用言語和文字來揭發、譴責他人的罪狀;「車載斗量」是指用車裝,拿斗量,形容數量很多,不可勝數。這兩個成語裡的「口」、「筆」、「車」、「斗」也分別表示後頭動詞述語的工具。

也有成語裡的名詞活用為狀語,是對動詞述語作時間方面的修飾,例如:「日就月將」表示每日有成就、每月有進步。

四　被動語態

漢語的被動語態與外語的被動句之間,存在著部分對應、部分不對應的關係,有標的被動句在漢語和英語的形式標誌不一致,而且語序也不盡相同,尤其漢語有的被動句並無形式標誌可尋。有些四音節成語也頗能表現漢語在被動句句型方面的部分特色。

「手到病除」表示一伸手為病患診治,病很快就好,「除」是指「(病)被根除」,屬於零形式標誌的意念被動句。具有形式標誌、表示被動語態的成語,例如:「不拘小節」是指不被生活上的細節所拘束,「拘」是被拘束,雖未帶表示施動的介詞,但「小節」相當於施動者。「見笑大方」意思是被大方之家笑話,指被識見廣博或精通此道的內行人所譏笑;「秋扇見捐」表示涼爽的秋天一到,扇子就被棄置不用。這兩個出現在動詞述語前的「見」,都有標示被動的意思。這幾個成語反映了漢語在被動句方面的部分特色,前者反映的是無標的被動句特色,後三者反映的是有標的被動特色。

五　致動用法

漢語某些述賓短語的語意,並不能用一般的述賓關係去解釋,而

是具有「致動」的關係。也就是主語不是述語動詞動作、行為的施動者，只是主使者；賓語也不是述語動詞動作、行為的受事者，反而是施行者。因此其主、述、賓關係表示的是：主語使賓語「怎麼樣」的語意。

　　能表現這種語意關係的成語，例如：「移有足無」，表示移用多餘的部分，填補不足的部分，「足」之所以有「填補」的意思，主要就從「足」的致動意義「使……足」來的；又如：「生死肉骨」是使已死復生、使白骨更肉，比喻恩施深重、恩同再造，其中的「生」與「肉」也是致動用法[30]；另外像：「閉月羞花」、「沉魚落雁」、「富國強兵」的「閉」、「羞」、「沉」、「落」、「富」、「強」也都是致動用法[31]。

六　表現多樣的複句關係

　　漢語的成語還有一個很重要的特色，就是可以表現漢語語法中多樣的複句關係，這主要見於分別以主謂、述賓或狀心等形式並列在一起的成語。

　　成語最常見的是可以表現遞進的複句關係，例如：「秀外慧中」形容一個人容貌秀美，而且內心聰慧；「不卑不亢」表示不傲慢也不卑屈，形容處事待人態度得體，恰到好處；「富國強兵」指的是使國家富有、軍力強大；「日就月將」表示不但每日有成就，而且每月有進步；「移山倒海」比喻法力高強，本領很大，不但可以移動山岳，

---

30 「肉」還涉及到詞類的活用，由原本名詞活用為動詞。

31 「富國強兵」表面上看起來，很像主謂倒置的形式，表示國家富有、軍力強大。不過此成語早期的用法出於《舊唐書・第五琦傳》：「及長，有吏才，以富國強兵之術自任。」又《喻世明言・卷七・羊角哀捨命全交》有此用例：「王即時召見，問富國強兵之道。」從其文意來看，則應是「使國家富有、使軍力強大」的致動用法較恰當。

還會倒翻海水;「生死肉骨」表示可使已死復生,而且使白骨更長出肉來;「蓬頭垢面」形容人頭髮散亂而面容骯髒的樣子;「風起雲湧」表示大風颳起而且烏雲湧現,形容氣勢雄偉;「物換星移」指事物改變,而且星辰也移動了,比喻景物的變遷,世事的更替。以上這些成語前後的兩個成分組合後都具有遞進的語意。

其次,能表現順承的複句關係的成語也不少,例如:「抱頭鼠竄」指的是抱著自己的頭,然後狼狽而逃[32];「出口成章」指一個人話一出口,就可以成為一篇文章;「聞雞起舞」本是一聽到雞啼聲,立即起床操練武藝,後用以比喻把握時機,及時奮起行動;「見風轉舵」是視風向的變化而改變船帆的方向,比喻隨機應變,視情況而行動;「手到病除」形容醫術高明,一伸手為病患診治,病很快就好了;「移有足無」是移用多餘的部分,填補不足的部分;「去蕪存菁」則是去除雜亂,然後保留菁華的部分;「不打自招」表示不用刑,就自己招認罪狀;「殺雞取卵」是把雞殺了,取出腹中的蛋,比喻為貪圖眼前的好處而斷絕了長遠的利益。以上這些成語前後的兩個成分具有順承的關係[33]。另外「聞風而動」指聽到消息就馬上行動,「伺機而動」是等候可以利用的時機再行動,也表示順承關係,這兩個成語中間還出現順承連詞「而」。

還有些成語可以表示轉折關係,例如:「無的放矢」,原指沒有目標而胡亂放箭,用以比喻言語或行動沒有目的;「南轅北轍」指本要向南,但卻駕車往北行,表示離目的地越來越遠,用來比喻行動和想

---

32 原作「奉頭鼠竄」,本來是捧著獻敵之頭,狼狽而逃的意思;後來「奉頭」轉為「抱頭」,「抱頭鼠竄」這句成語就用來形容急忙逃走的狼狽樣子。

33 這幾個成語有部分可能因為語境的緣故,而在複句的意涵方面產生兩可的情況,例如:「移有足無」、「去蕪存菁」、「殺雞取卵」,分別可以理解為「移有為了足無」、「去蕪為了存菁」、「殺雞為了取卵」,這樣就可表示因果關係。

要達到的目的相反；「殊途同歸」[34]本是道路不同，卻同歸於一個好的理想目標，比喻採取的方法雖不同，所得的結果卻相同；「光說不練」表示空談而無實際行動；「藕斷絲連」表示蓮藕斷了，藕絲卻仍相連，用來比喻沒有完全斷絕關係；「大同小異」形容事物略有差異，但大體相同；而形容內心恐懼至極的「不寒而慄」，是雖不寒冷仍發抖；「欲擒故縱」表示為了捉拿而故意放縱，比喻為了要使對方就範，故意先放鬆一步；「不謀而合」表示事前未經商量，後來意見作為卻一致；「引而不發」是拉開弓弦而不射箭。這些成語內部的語意都具有轉折關係，部分成語中或出現轉折連詞「而」。

　　也有成語內部明顯的具有因果關係，例如：「不學無術」指不知研習經典，並從中獲取經驗與知識，以致行為處事有所偏頗或錯誤；「水落石出」原表示因為水位低，本來沉於水底的石頭逐一浮露出來，用於比喻事情經過澄清而後真相大白；「兔死狗烹」表示兔子死盡了，用來捕兔的獵狗因為失去了作用而被烹食，比喻事成之後，有功之人即遭到殺戮或見棄的命運；「水漲船高」本是水位漲了，所以船跟著升高，後來比喻人或事物，隨著憑藉者的地位提升而升高。這些成語內部語意即具有因果的關係。

　　另有部分成語，像：「理直氣壯」表示理由正大、充分，則氣盛勢壯而無所畏懼，表示的是條件關係；「罄竹難書」指即使把所有竹子做成竹簡拿來書寫，也難以寫盡，形容災亂異象極多，無法一一記載，表示的是擒縱或讓步的關係；而表示寧願犧牲生命，也不屈服的「寧死不屈」，寧可沒有，也不要不顧品質，只求數量的「寧缺勿濫」[35]，則具有選擇關係。

---

34 「途」典源作「塗」。

35 「寧缺勿濫」亦作「寧缺毋濫」。

第四節　成語教學的原則與示例

如前所述，漢語的四音節成語，一方面展現了漢語構詞法與造句法的共性或基本規則，也凸顯漢語語法的特點或殊性。那麼教師在進行有關成語的教學時，該注意哪些原則？又可以利用哪些教學活動來強化學生成語的學習效果呢？

一　成語教學的原則

成語教學的原則，我們強調「兩不」和「三要」。

（一）兩不

「兩不」指的是消極方面不宜強調的兩件事：

1 不宜只解釋成語的字面意義

因為成語的實際意義，並不等於各個詞的意義簡單相加，也不是各個詞字面意思的簡單組合，必須透過字面意義，利用詞彙意義的引申、變化，或經由譬喻、借代等修辭手法，才能形成一個完整而豐富的意涵。因此若僅解釋成語的字面意義，對於成語意涵的掌握不見得有助益。

2 不宜只講求成語中各個文字的詞性

前已提及，成語的內部結構十分複雜，甚至具有像複句複合的語意關係，因此，如果僅只簡單的說明成語中各個文字的詞性，對於成語意義的掌握或用法並沒有幫助。

（二）三要

「三要」是在積極方面，我們可以做，而且對學生的成語學習有幫助的三件事。

1 要說明成語的典故出處

教師進行成語教學時，可以適時的說明成語的典故出處，一方面增進學生的學習興趣，另一方面也可加深其對該成語的印象。例如教「朝三暮四」這個成語時無妨說說背後的故事，以加深學生對這個成語的印象[36]。學生，幾乎都愛聽故事，如果時間許可，教師在進行成語教學時，都先把典實化為一個個有趣的故事，相信學生會認為學習成語是一種享受。

2 要詳細說明成語的現代意義和用法

現在很多成語，在用法上可能與原典故的意義不一樣了，我們進行成語教學的目的，其實最主要的是要學生能應用。所以教師教學時，遇到成語的現代意義與典故原始的意思不同時，要能加以說明，並詳細說明其用法。如前面舉的「朝三暮四」，本來只用以比喻只變名目，不改實質，喜怒卻因之為用。但現在卻用「朝三暮四」來比喻一個人心意不定、反覆無常[37]。所以教師一定要強調成語的現代用法，才能加強學生的成語運用。

---

36 「朝三暮四」原出自《莊子‧齊物論》，本是說有一個狙公（養猴人）對他所養的猴子說：「我決定每天早上餵你們吃三升橡實，下午餵四升橡實。」沒想到猴子們都很不高興。於是，狙公就說：「那這樣好了，我們就改成早上吃四升，下午吃三升。」猴子們聽了都很高興。原用以比喻只變名目，不改實質，可是喜怒卻因之為用。本成語典故說明主要參考教育部《成語典》（http://dict.idioms.moe.edu.tw/cydic/index.htm）的說法。

37 本成語典故說明主要參考教育部《成語典》（http://dict.idioms.moe.edu.tw/cydic/index.htm）的說法。

3 要說明成語的內部結構關係

前「兩要」，其實在一般成語教學時，大抵已足夠了。不過，如果學生能力許可，也可對學生說明成語的內部結構關係，例如前面第二節我們介紹的成語內部關係，像：「老馬識途」，內部具有主謂關係，本身就像一個句子；「拿捏分寸」是述賓關係；「萬紫千紅」是兩個偏正結構的並列等。尤其成語比較簡短，用來作為句式結構教學的初階，其實也很方便。

二　成語教學示例

以下以「成語填空」、「成語接龍」兩個簡單的活動作為教學示例，進行說明。

（一）成語填空

可利用具有數字、方位詞、顏色字、動植物名稱、反義字等的成語，將其中的數字、方位詞、顏色字、動植物名稱、反義字等挖空，讓學生填入。

帶有數字的成語像：一清二白、五光十色、九死一生、一夫當關萬夫莫敵等；帶有方位詞的成語，像：上行下效、南轅北轍、左顧右盼、吃裡扒外等；有的成語中帶有顏色字，例如：萬紫千紅、紅牆綠瓦、青紅皂白、白紙黑字、黑白分明等；有的成語帶有動植物名稱：狗急跳牆、亡羊補牢、花紅柳綠、指桑罵槐、偷雞摸狗、雞狗不如、雞犬不寧、虎頭蛇尾、羊腸小道、鶴立雞群、松鶴延年、松柏長青等；至於帶有反義字的成語，像：轉危為安、以逸待勞、送往迎來、顛倒是非、吃裡扒外、七葷八素、欺軟怕硬、懲惡勸善等。這些成語，可設計為「成語填空」的活動，讓學生熟練相關的成語。

（二）成語接龍

採取接龍遊戲的規則，以上個成語的末字，作為下個成語的首字，這樣前頂後接的形式，接成一串串成語。可由老師或學生說出開頭的成語，由學生接續，例如：

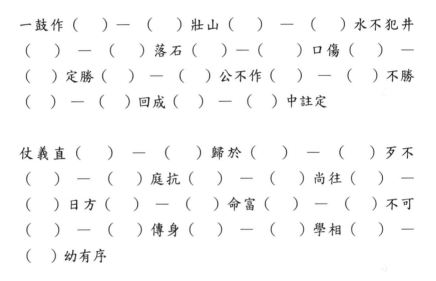

除此之外，如果遇到某一課的範文，出現較多的成語或慣用語，也可以指導學生將這些成語或慣用語編織在短文或作文當中，這樣不僅把成語教學和寫作教學結合起來，同時也可以檢視學生對於應用這些成語或慣用語的精準度。

第五節　結語

漢語的四音節成語，一方面顯示了漢語構詞法與造句法的共性或基本規則，另一方面又能反映漢語的語法特色。在語文教學中，成語

是一種能以簡潔的形式提供豐富的語法教學材料的資源。因此,在對外漢語教學的中、高級階段,成語不僅是很好且是必要的語文材料,同時也可作為語法教學的重要語料;即使從事第一語言教學,成語因為具有上述的特色,在語法教學上,也具有相當重要的功能。教師從事語法教學時,如能善用成語,將可得到事半功倍的效果。

第六章
聯綿詞教學的相關問題

　　過去在與基層的國文老師接觸時，常被問起「何謂聯綿詞」，或「聯綿詞該如何判定」的問題，因此，以下擬對聯綿詞作一簡單介紹。

第一節　聯綿詞的定義與分類

一　聯綿詞的定義

　　聯綿詞，也作「連綿詞」，古人稱為「聯綿字」，或作「連綿字」，亦稱「謰語」、「連語」。

　　聯綿詞是古代漢語一種特殊的詞彙現象，不過學界對於聯綿詞的定義，向來有寬、嚴不同的界定。最寬、最廣的界說，將聯綿詞界定在雙音節詞，可以包括：部分由同義語素構成的雙音節詞[1]、疊音詞[2]、音譯詞[3]以及狹義的聯綿詞。

　　同義語素構成的雙音節詞，因為屬於將並列語素複合在一起的構詞方式，宜歸入複合詞討論比較恰當；而疊音詞是同一個音節的重

1　語素，是 morpheme 的意譯，或譯為「詞位」、「詞素」、「語位」等，指「詞的構成成分」。
2　這裡指由音節重疊而成的雙音節詞，例如：「『關關』雎鳩、『唧唧』復『唧唧』」、「『盈盈』一水間」、「『漠漠』水田飛白鷺」等，古人稱「重言」或「重字」，其中大部分為擬聲或擬態詞。
3　指翻譯時直接模仿外來語詞的語音而不把它的意思翻譯出來，即以漢字直接翻譯外來詞語的音。

疊，也是另立為疊音詞較合適；音譯詞屬於產生新詞的一種手段，但不見得所有音譯的外來詞都是雙音節[4]，歸入聯綿詞討論不見得合適；所以狹義的聯綿詞便把上述這三種都剔除。以下將以狹義聯綿詞為介紹的重點。

聯綿詞是指漢語中某些由一個雙音節語素構成的單純詞[5]，例如：「澎湃」、「叮嚀」、「酩酊」、「芙蓉」、「荒唐」等。這些雙音節的單純詞，其中兩個音節通常不分開使用，因為分開之後，其中的任一個音節往往不能單獨成詞，或是即使成詞，卻不具有依屬於這個詞的意思，因此，這種詞有點類似把兩個「字」，即書寫單位，聯綿為一語，但使用時又跟一般的單詞沒有兩樣[6]，在過去討論構詞法時又稱「雙音節衍聲複詞」。

聯綿詞因為從語素的觀點來看，無法再行分析，所以通常會依據聯綿詞音節之間聲、韻的關係，對聯綿詞進行小類的區分；而且因為聯綿詞多數是古代漢語就已存在的，所以論其聲、韻關係往往從古聲、古韻的角度去判斷[7]。

4　單音節的音譯詞，例如：卡（熱量的單位，calorie 音譯的簡稱）、瓦（七百四十六分之一馬力，watt 音譯的簡稱）以及多數的化學元素名稱多為音譯的單音節詞；音譯的雙音節詞，例如：咖啡、沙發、佛陀（為梵語 buddha 的音譯）、邏輯、幽默等；音譯的多音節詞，像：白蘭地、巧克力、凡士林、盤尼西林、約翰尼斯堡等。

5　單純詞，與「合成詞」相對，指由一個語素構成的詞，漢語的單純詞包括單詞、音譯詞、聯綿詞與疊音詞。而合成詞分為附加式與複合式兩個大類，附加式主要指的是附加詞綴的構詞方式；複合式則指由語素的意義複合而成的詞彙，亦稱「合義複詞」，常見的有偏正、並列、主謂、述賓、狀心、補充等方式的複合。

6　古人所以稱為「聯綿字」，原因便在此。

7　所以如果是複合詞，雖也具有雙聲或疊韻的關係，一般會先從複合詞語素之間的複合關係著眼，分析兩個語素是否具有註5所說的：並列、偏正、主謂、述賓、狀心與補充等關係，來為複合詞進行分類，而不會光探討兩個語素之間的聲、韻關係是雙聲或疊韻。

二　聯綿詞的分類

　　從聲、韻之間的關係來看，聯綿詞可分為聲母相同或相近的「雙聲聯綿詞」、韻母相同或相近的「疊韻聯綿詞」、聲母、韻母都不相同也不相近的「非雙聲疊韻聯綿詞」以及既雙聲又疊韻的「雙聲疊韻聯綿詞」四類。

（一）雙聲聯綿詞

　　雙聲聯綿詞是指聯綿詞的兩個音節之間具有雙聲的關係，如前所舉的「澎湃」兩個音節的聲母在現代音都是「ㄆ」，中古聲母屬「滂」母字[8]，但韻母不同，所以歸為雙聲聯綿詞。同樣是雙聲聯綿詞的，例如：「彷彿」（現代音聲母為「ㄈ」，中古聲母屬「敷」母）、「呢喃」（現代音聲母為「ㄋ」，中古聲母屬「泥」母）、「玲瓏」（現代音聲母為「ㄌ」，中古聲母屬「來」母）[9]、「淋漓」（現代音聲母為「ㄌ」，中古聲母屬「來」母）、「躊躇」（現代音聲母為「ㄔ」，中古聲母屬「澄」母）等，都是雙聲聯綿詞。

（二）疊韻聯綿詞

　　疊韻聯綿詞是指聯綿詞的兩個音節之間具有疊韻的關係。而疊韻，是指兩個音節的聲調相同，主要元音和韻尾相同或相近而言。如前所舉的「叮嚀」，兩個音節聲母不同，韻母在現代音都是「ㄧㄥ」；中古韻歸「青」韻，現代音聲調一讀陰平、一讀陽平，但中古音都屬

8　這裡主要以《廣韻》的反切為依據，所以說是中古音。
9　古人的疊韻雖只看主要元音、韻尾和聲調是否相同或相近，而不論介音，但「玲」郎丁切，「瓏」盧紅切，一在青韻梗攝，一在東韻通攝，韻部相去甚遠，所以這裡不視為疊韻。

平聲[10]，所以歸為疊韻聯綿詞。「酩酊」，兩個音節聲母不同，韻母在現代音都是「一ㄥ」，聲調也相同；中古韻歸上聲「迥」韻，所以也是疊韻聯綿詞。其他像：「顢頇」（聲母不同，韻母現代音都是「ㄢ」；中古音「顢」在「桓」韻，「頇」在「寒」韻，寒、桓韻主要的差異在開、合口的不同，即介音的有無，所以兩字在中古韻的主要元音相同，聲調相同）、「伶仃」（聲母不同，現代音韻母為「一ㄥ」；中古音同屬「青」韻，聲調相同）、「倉皇」（聲母不同，現代音主要元音與韻尾相同[11]，都是「ㄤ」；中古韻歸「唐」韻，聲調相同）、「龍鍾」（聲母不同，韻母現代音都是「ㄨㄥ」；中古韻歸「鍾」韻，聲調相同）、「蹣跚」（聲母不同，韻母現代音都是「ㄢ」；中古「蹣」在「桓」韻，「跚」在「寒」韻，情況與「顢頇」相似，聲調相同）、「逍遙」（聲母不同，韻母現代音都是「一ㄠ」；中古韻部在「宵」韻，聲調相同）、「娉婷」（聲母不同，韻母現代音都是「一ㄥ」；《廣韻》無「婷」字，僅收去聲的「娉」，未收平聲之音；《正韻》「娉」彼耕切，「庚」韻，《集韻》「婷」唐丁切，「青」韻，「庚」、「青」韻在韻攝同屬「梗」攝，聲調屬平聲）、「從容」（聲母不同，韻母現代音都是「ㄨㄥ」；中古韻歸「鍾」韻，聲調相同）等，都是疊韻聯綿詞。

（三）非雙聲疊韻聯綿詞

　　聯綿詞的兩個音節之間既不具雙聲的關係，也沒有疊韻的關係，就屬非雙聲疊韻聯綿詞。像前舉的「芙蓉」，今音分別為「ㄈㄨˊ」、「ㄖㄨㄥˊ」，聲、韻皆不相同，屬非雙聲疊韻聯綿詞。相同的例子還

---

10 中古的平聲到近代音依聲母的清、濁分讀為陰平與陽平，這是中古到近代聲調的重大演變。以下多個疊韻聯綿詞的例子，今音聲調分屬陰平與陽平，看似不同，其實中古都同屬平聲。

11 「倉」是開口，「皇」是合口，介音不同。

有：「邂逅」（音「ㄒㄧㄝˋㄏㄡˋ」）、「遛達」（音「ㄌㄧㄡˋ・ㄉㄚ」，俗讀多作「ㄌㄧㄡ・ㄉㄚ」）等。

（四）雙聲疊韻聯綿詞

雙聲疊韻聯綿詞是聯綿詞的兩個音節之間具有既雙聲又兼疊韻的關係，例如：「輾轉」，《廣韻》「輾」「知演切」，「轉」「陟兗切」，同屬「知」母、「獮」韻，是雙聲疊韻聯綿詞。相同的例子像：「間關」（《廣韻》「間」「古閑切」[12]，「山」韻，關「古桓切」，「桓」韻，兩字同屬「見」母，「山」、「桓」韻又相近）、「繽紛」（《廣韻》「繽」「匹賓切」，「真」韻，「紛」「府文切」[13]，「文」韻；「紛」為輕脣音，古歸重脣音，與「繽」雙聲，「真」、「文」韻部相近）等。

第二節　聯綿詞的特點

如果從詞類的觀點來看，聯綿詞大部分為形容詞、副詞、狀聲詞，也有少部分為名詞、動詞。至於聯綿詞具有哪些特點？又該如何判定？

聯綿詞的主要特點，可以分別從詞彙意義和書寫的字形兩方面來談。

一　詞彙意義方面的特點

從詞彙意義的角度切入，其實頗為複雜。我們先來看看本文一開

12　「間」《廣韻》作「閒」。
13　依余迺永校著之《互註校正宋本廣韻》，當作「撫文切」。

始提到的幾個聯綿詞例，分為三種情況來討論。它們的意義分別是[14]：

（一）聯綿詞的兩個音節均無意義可說

這是指在工具書中，只有聯綿詞兩個音節合用的意義，而音節單獨使用時無意義可說。例如：

1 澎湃

「澎湃」一詞，除了「波濤相衝擊的聲音或氣勢」之外，還可以「比喻聲勢浩大，氣勢壯闊」。

而「澎」與「湃」辭典上只分別說：見「澎湃」、「澎濞」、「湃湃」等條。

換句話說，「澎」與「湃」無法單獨解釋、使用，必須「澎湃」連用才有意義。所以「澎湃」是一個聯綿詞。

2 「酩酊」

「酩酊」是大醉的樣子。單獨的「酩」與「酊」都無解釋，僅說：見「酩酊」條。

因此，「酩」、「酊」必須連用，也無法單獨使用。

還有像「崎嶇」、「蜿蜒」等也是同樣的情況，辭典中根本沒有為其單獨的音節分別解釋，都要讀者「見『崎嶇』條」、「見『蜿蜒』」條。也都是聯綿詞。

---

14 以下所舉各例詞的詞義解釋，皆根據網路版的教育部《重編國語辭典修訂本》（首頁：http://dict.revised.moe.edu.tw/）。

（二）聯綿詞的兩個音節其中一個無意義可說，或無依屬 於該聯綿詞的意思

這可分為兩種情況來談：有的聯綿詞的兩個音節，其中一個可以單獨使用，具有意義，不過與聯綿詞的使用意義無關；而另一個音節無意義可說。有的則是其中一個可以單獨使用，具有意義，與聯綿詞的使用意義有關；而另一個音節無意義可說，或無依屬於該聯綿詞的意思。先看兩音節之一的意義與聯綿詞的使用意義無關的例子：

1 「芙蓉」

「芙蓉」是名詞，一為錦葵科木槿屬的植物名，一為荷花的別名。

「芙」無解釋，只說：見「芙蕖」、「芙蓉」等條。

「蓉」有兩個名詞意義，一為「蓉城」的簡稱；一為「瓜果、豆類磨粉後製成的糕餅餡」。不過這兩個意思與「芙蓉」無涉。另有一個沒有解釋，只說：見「芙蓉」條。

因此，「蓉」雖可成詞，單獨使用，但卻不是依屬於「芙蓉」的意思；而「芙」則根本無法單獨使用。換句話說：要表示「芙蓉」意思必須「芙」與「蓉」連用，才具有意義。

再看兩音節之一的意義與聯綿詞的使用意義有關的例子：

2 叮嚀

「叮嚀」一詞有動詞「囑咐」之意，也有形容詞「仔細」、「小心」的用法。

「叮」有兩個動詞用法，一指「蚊、蟻或蜜蜂等昆蟲螫咬人畜」，另外也指「再三吩咐」，所舉的詞例正是「叮嚀」、「叮囑」。還

有狀聲詞用法，說明見「叮噹」、「叮叮噹噹」、「叮叮咚咚」等條。狀聲詞用法的意義與「叮嚀」的動詞意義無關。

「嚀」無解釋，僅說：見「叮嚀」條。

「叮」解作「再三吩咐」時，意思與「叮嚀」一詞的意思有關，不過常見「叮嚀」、「叮囑」連用；而「嚀」則根本無法從單字進行解釋。換句話說，「叮嚀」這個詞裡，「嚀」這個音節無法單獨使用。因此，也宜歸入聯綿詞。

3 「瀟灑」

「瀟灑」可用以「形容人清高絕俗、灑脫不羈」或「淒涼、悲楚」。

「瀟」的名詞意義是「瀟水」，河川名；形容詞則有「風雨狂急的樣子」，而且這種意義要「瀟瀟」疊用。

「灑」，有「撒、潑」、「東西散落或傾倒」、「拋、投」、「揮寫」等動詞意，與「自然不受拘束」的形容詞用法，形容詞的詞例就是「灑脫」、「瀟灑」。

因此只有「灑」具有：「自然不受拘束」的意思，而且與「瀟灑」相關，但「瀟」卻無這樣的意思，也不能單獨使用。因此，「瀟灑」也是聯綿詞。

（三）聯綿詞的兩個音節都有意義，但不全都依屬於該聯綿詞的意義

這是指聯綿詞的兩個音節單獨使用時都可成詞，都各有意義，不過其中之一的意思卻非依屬於該聯綿詞的意思。例如：

1 「荒唐」

「荒唐」有三個形容詞的用法，意思分別是「誇大不實」、「言行乖謬、不合禮法」以及「慌張」。

「荒」單獨使用，有動詞「廢棄」、「沉溺」、「擴大」等意思；名詞則有「還未開墾的田地」、「邊遠的地方」、「凶年，農作物歉收的日子」、「事物嚴重缺乏的情況」、「破爛廢棄的物品」等意思；另外還有「空曠冷清、偏僻」、「不合情理的、不實在」的形容詞用法。

「唐」有名詞用法，作為「朝代名」、「中國」的別稱、「庭院中的道路」以及「姓」之用；形容詞的意義為「廣大」的意思，另還有兩個形容詞用法，分別見「荒唐」、「唐突」條；還有「虛、空」的副詞意思。

因此，只有「荒」單獨使用時有依屬於「荒唐」的意思，而「唐」則無，「荒唐」成詞，也是聯綿詞。

2 倉皇

「倉皇」是「恐懼忙亂的樣子」。

「倉」的名詞用法與「倉皇」之意無涉；形容詞用法是「青色的」意思；副詞用法是「匆促的樣子」，詞例見「倉皇」、「倉卒」等條。

「皇」有「天」、「君主」和「姓」三種名詞的意義和用法，與「倉皇」的意思無關；也有「大、偉大」、「莊盛、輝煌」、「美」、「有關君主的」等形容詞用法，也不具有「倉皇」的意思；甚至還有「匡正」的動詞意義。

因此，「倉」具有「匆促」的意思，與「倉皇」的意義或有關，而「皇」單獨使用卻無這樣的意思。所以「倉皇」成詞，也屬於聯綿詞。

由以上幾個詞例的說明，我們可以說：判定一個雙音節的詞是否

為聯綿詞,可以看它們上下兩個音節之間有無意義關連,若其間無意義關連,或無依屬於該聯綿詞的意思,那麼應屬於聯綿詞。

二 聯綿詞的書寫字形

因為聯綿詞主要是用來記錄「語音」的,所以可能甲聽到「ㄉㄧㄥ ㄋㄧㄥˊ」這兩個音節的聲音,用「叮嚀」記錄下來,乙聽到同樣的兩個音節,卻用「丁寧」記錄,而丙則寫成「丁嚀」;所以聯綿詞可能常有多種寫法。因此如果字典、辭典等工具書中說明一個雙音節詞的書寫形式可能有兩種或兩種以上的寫法,而且字與字之間並非「異體字」的關係[15],那麼這個詞就是聯綿詞。像前面提到的「叮嚀」,或作「丁寧」、「丁嚀」,「叮」與「丁」不是異體字,「嚀」與「寧」也不是異體字,那麼「叮嚀」就是聯綿詞;又如:「澎湃」亦作「彭湃」;「遛達」,字亦作「溜達」、「蹓躂」;「伶仃」,又作「零丁」;「邂逅」,或作「解后」、「邂遘」;「瀟灑」,亦作「蕭灑」;「倉皇」,或作「倉黃」、「倉惶」、「蒼惶」,也都是聯綿詞。

聯綿詞既然具有上述這兩個主要的特點,判定時就可從這兩方面切入。希望透過前述的討論,能提供一個較客觀的方法來處理聯綿詞,而不是只憑主觀的臆測。

---

15 異體字,指與所訂的正字相對的字體,包括俗體、古體、簡體、帖體等。

附錄

從語意的引申變化看詞類活用時意義的轉移

——以「墨」為例*

摘　要

漢語選擇語序和虛詞作為重要的語法表現手段，語法標記或者形態相對的就比較少或者不那麼重要；而且漢語的詞在語句中的功能，每每有超乎其本用的範圍，也就是產生詞類活用的現象。而由於漢語的語法標記不明顯，判讀時較為困難；且在文言文裡，詞類活用往往還涉及到語意解釋的問題。所以詞類活用在中學國文教學中成為頗為重要的一環。尤其若遇到一個詞具有不只一個概念意義時，究竟哪一個意義才是其活用意義的來源？在中學國文教學中更常使老師感到困擾。

本論文以「墨」為例，嘗試探討其詞義的引申變化與語意成分，並分別從中學國文教科書的常見篇目，進行名詞與形容詞活用為述語時，意義的相關考察；最後推究出「墨」活用為述語時的語意來源——非由本義的「書墨」義來，而是來自引申義的「黑（的／色）」。論文最後，並兼及名詞述語和形容詞述語的語意特色，以區分其中的些微差異。

關鍵詞：墨、本義、引申義、語意成分分析、詞類活用、轉品

---

* 本論文於第三屆臺灣、香港、大陸三地語文教學國際學術研討會宣讀時，承蒙特約討論人何永清教授以及與會學者指導，在此並致謝忱。

壹　前言

一　研究動機與目的

（一）研究動機

　　漢語的「詞」，在句子裡，不論居於何種句法位置，也不管語法功能為何，大多是同一種書寫形式，甚至同一種讀法[1]。所以相較於具有豐富形態變化的印歐語系語言像英語、俄語等，漢語的形態標誌極不明顯。因此詞語出現在句子裡的語序（word order，即詞語在句中出現的位置，或稱「詞序」）以及一些虛詞，就顯得相對的重要。可以說漢語選擇語序和虛詞作為自己最重要的語法表現手段，語法標記或者形態相對就比較少或者不那麼重要[2]。

　　漢語的實詞，約略可視為開放性詞類（open-class word），在詞彙意義方面，可能具有本義、引申義、假借義，也就是往往一個詞具有多個概念意義（Conceptual Meaning）[3]。例如「墨」，《說文》：

　　　墨，書墨也，从土黑。[4]

1　有些詞可能會「音隨意轉」，例如：飲，一般的動詞用法時讀上聲「一ㄣˇ」，若具有致動的語意，則讀為去聲「一ㄣˋ」，但這種情況畢竟為數不多。

2　參見石毓智、李訥：《漢語語法化的歷程——形態句法發展的動因和機制》（北京市：北京大學出版社，2001年），頁6。

3　概念意義（Conceptual Meaning）是利奇（Geoffrey Leech, 1928-）在他的《Semantic》這部著作中提出的「詞義」可分為七種主要類型的第一類型，指的是收錄在詞典裡，在語言交際中所表達出來的基本意義，它們不和客觀世界中的事物和現象發生直接的聯繫，在認知理解中，不會因人而異。參見伍謙光：《語義學導論》（長沙市：湖南教育出版社，1994年），頁133-134。

4　參見〔漢〕許慎著，〔清〕段玉裁注：《說文解字注》（臺北市：藝文印書館，1970年），第十三篇上，頁694下欄。

　　從《說文》的解釋，「墨」本義為「書墨」，是書寫的工具、書畫用的黑色顏料；加以引申，可以為書畫用的各色顏料，例如「藍墨」、「紅墨」。這些用法，「墨」的詞性都屬於名詞。而由於「墨」是黑色顏料，所以還可以引申為「黑（的／色）」或「色深如墨」，例如「墨綠」、「墨鏡」，這樣在詞性上就歸形容詞了。在高級中學國文教科書中，「墨」還可以活用擔任述語，也就是俗稱的活用為動詞，例如：

　　　　石炭煙亦大，墨人衣。（沈括《夢溪筆談・石油》）[5]

整句話的意思是：「石油煤煙也大，常常熏黑人的衣裳。」「墨」於是有了「熏黑」、「使⋯⋯變黑」之意。這裡的「熏黑」、「使⋯⋯變黑」之意究竟從名詞「書墨」來的？還是從形容詞「黑（的／色）」來的？這涉及到「墨」兩個不同的活用途徑，究竟是從形容詞引申、活用來的？或從名詞引申、活用來的？高中國文教學上老師往往要實事求是，追根究柢。

　　因此，以下擬從「墨」意義的引申變化，以及名詞與形容詞活用為述語，具有動詞用法時，其語意如何轉變入手，進行探討，以釐清「墨」具有「熏黑」、「使⋯⋯變黑」的意思，究竟是從名詞或形容詞活用來的。

（二）研究目的

　　本研究有兩項目的：

5　對於凡是出現在高中國文教科書的文章之例句，將只以作者後加篇名的方式呈現，不再詳列其作者文集等來源。而在行文中如有需要引用到字義、詞義的解釋，皆參考教育部《重編國語辭典》（網路版）（首頁：http://dict.revised.moe.edu.tw/index.html），不再另外說明出處。

1. 釐清「墨」活用為述語時的語意來源。
2. 尋繹名詞與形容詞活用為述語時,語意演變的脈絡。

二　研究方法

(一) 使用術語說明

因目前中學國文教學界對於語句以及句中成分的稱法不甚統一,因此,本論文在術語的使用上,採如下的原則:

1. 盡量以語法學界的通稱為主,並顧及中學國文教師教學使用上的方便性,所以對於跟本論文有關的單句句型,動詞謂語句稱敘事句,形容詞謂語句稱表態句,名詞謂語句稱判斷句等。

2. 對於句中成分的稱法:「主語」指的是「出現在句首的名詞性成分」,可以是敘事句的施動者,表態句的主題或焦點,判斷句裡被解釋、說明的對象等;「謂語」採廣義的界定,指句子裡除了主語以外的所有部分。

3. 敘事句的謂語中心,可以包含動詞述語和賓語,表態句的謂語中心為表語,判斷句的謂語中心稱斷語,連繫判斷句主語、斷語的成分稱繫語。

4. 因為本論文主要探討名詞與形容詞活用為動詞的用法問題,為行文方便,由一般動詞擔任的動詞述語只稱「述語」;在詞類活用部分,為有別於一般的述語(動詞述語),稱名詞活用來的述語為「名詞述語」,形容詞活用來的述語為「形容詞述語」。

5. 若有特殊需要,則另以隨文附註的方式作說明。

(二) 使用語料

本論文以教育部九十五年《普通高級中學國文科課程暫行綱要》

及九十八年《普通高級中學國文科課程綱要》的文言文篇目為主要語料，亦兼採常出現在高級中學國文科教科書中的文言文，利用這些文本考察其中名詞、形容詞活用為述語的用例，探求其中語意轉變的脈絡，必要時並從典籍資料中尋求佐證。

於「墨」字意義的引申變化部分，則以《康熙字典》、《中文辭源》、《漢語大詞典》、《新華字典》（線上版）與教育部《重編國語辭典》（網路版）等常見工具書為依據，嘗試找出「墨」字意義引申變化的各種途徑。

（三）研究方法

以文獻探討法為主，兼採歸納與演繹分析法，並嘗試利用語意成分分析，以尋求「墨」活用為述語的語意脈絡。

貳　本論

一　「墨」字意義的釐清

（一）工具書對「墨」的解釋

《康熙字典》對「墨」的解釋計有十四條，條析如下[6]：

①《說文》書墨也。《西京雜記》漢尚書令，僕承郎，月給隃糜墨；魏晉閒以黍燒烟，和松煤為之；唐初高麗歲貢松烟墨；宋熙寧閒，張遇供御墨，始用油烟入麝，謂之龍劑。

6　參見高樹藩重修：《新修康熙字典》（臺北市：啟業書局公司，1984年），頁266中、下。

《李堅墨評》古有李廷珪墨爲第一，張遇墨次之，兗州陳朗墨又次之。

②《禮‧玉藻》卜人定龜，史定墨。《註》凡卜，必以墨畫龜，乃鑽之，觀所坼以占吉凶。

③度名。《小爾雅》五尺爲墨，倍墨爲丈。《周語》不過墨丈尋常之閒。

④五刑之一，鑿其額，涅以墨書。《書‧伊訓》臣下不匡其刑墨。

⑤哀容。《孟子》歠粥面深墨。

⑥氣色下也。《左傳‧哀十三年》晉定公，吳夫差，會于黃池。司馬寅曰：肉食者無墨。

⑦闇昧也。劉向《新序》師曠對晉平公曰：「國有墨。墨而不危者，未之有也。」

⑧墨灰。《西京雜記》武帝鑿昆明池，悉灰墨，無復塊土；西域人曰：大刼將盡，則有刼燒。灰墨，其餘爐也。

⑨與「默」通。《史記‧商君傳》武王諤諤以興，紂墨墨以亡。《前漢‧竇嬰傳》嬰墨墨不得志。

⑩太史公〈論六家之要旨〉，墨家儉而難遵，然其彊本節用，不可廢也。六家：陰陽、儒、墨、名、法、道也。

⑪地名。卽墨，故齊地。《史記‧齊世家》樂毅下齊七十餘城，惟卽墨不下。今卽墨乃漢之不其縣。又墨山，在卽墨東北，墨水發源于此。《前漢‧郊祀志》帝以方士言祀太室于卽墨，卽此山也，一在衛輝縣西北。《九州要記》墨子居墨山，採茯苓餌之，五百歲不死。

⑫姑墨，國名。南與于闐接；又康居國有附墨城。見《前漢‧西域傳》。

⑬姓；禹師墨如。見王符《潛夫論》周墨翟，明墨麟。《姓纂》墨氏卽墨胎氏，孤竹君後。

⑭老馬腹中有物曰墨，猶狗寶也；見《本草綱目》。

《中文辭源》列出「墨」的詞義共十一條[7]：

①寫字、作畫用的黑色顏料。《太平御覽》二四四：晉傅玄〈太子少傅鍼〉：「習以性成，故近朱者赤，近墨者黑。」古代寫字，以竹梴點漆，後來磨石炭為汁而書叫石墨。漢以後多用松煙、桐煤製墨，見明陶宗儀《輟耕錄・墨》。

②黑色。《孟子・滕文公》上：「歠粥，面深墨。」

③文字的代名，如言文墨、翰墨。

④繩墨，木工用來校正曲直的墨斗線。引申為法度、準則。漢揚雄《太玄經・法》：「物仰其墨，莫不被則。」《晉書・劉毅傳》：「正色立朝，舉綱引墨。」

⑤占卜時灼龜甲裂開的紋路。《禮記・玉藻》：「史定墨。」清孫希旦《集解》：「凡卜以火灼龜，觀其裂紋，以占吉凶。其巨紋謂之墨。其細紋旁出者謂之坼。謂墨者，卜以墨畫龜背而灼之，其從墨而裂者吉，不從墨而裂者凶。」

⑥古代五刑之一。

⑦黑暗。《荀子・解蔽》：「《詩》云：『墨以為明，狐狸而蒼。』此言上幽而下險也。」

⑧貪污、不廉潔。

7　參見藍燈文化事業編輯部：《中文辭源》（臺北市：藍燈文化事業公司，1983年），頁630右。

⑨古量物的單位，五尺為墨。

⑩墨家的簡稱。《孟子・滕文公》下：「天下之言，不歸楊則歸墨。」又《滕文公》上：「墨者夷之因徐辟而求見孟子。」又姓。複姓有墨台。

⑪通「默」。《漢書・李陵傳》：陵墨不應。」

《漢語大詞典》列出「墨」的詞義共十五條，本詞典除字義解釋外，引錄很多用例，為免過於冗長，只引釋義以及第一個用例[8]：

①用於書寫、繪畫的黑色顏料。《莊子・田子方》：「宋元君將畫圖，眾史皆至，受揖而立，舐筆和墨，在外者半。」

②黑色。唐韓翃〈送劉將軍〉詩：「青巾校尉遙相許，墨稍將軍莫大誇。」

③蔽塞、黑暗。《荀子・解蔽》：「《詩》云：『墨以為明，狐狸而蒼。』此言上幽而下險也。」楊倞注：「墨，謂蔽塞也。」王先謙集解：「郝懿行曰：『墨者，幽闇之意。』《詩》言以闇為明，以黃為蒼，所謂玄黃改色，馬鹿易形也。」

④氣色晦暗。《左傳・哀公十三年》：「肉食者無墨。今吳王有墨，國勝乎？」杜預注：「墨，氣色下。」

⑤貪污、不廉潔。《左傳・昭公十四年》：「己惡而掠美為昏，貪以敗官為墨，殺人不忌為賊。」杜預注：「墨，不廉之稱。」

---

8 參見《漢語大詞典》編輯委員會：《漢語大詞典》第二卷（上海市：《漢語大詞典》出版社，1998年），頁1214。

⑥指詩文書畫等。唐孟浩然〈還山貽湛法師〉詩:「墨妙稱古絕,詞華驚世人。」

⑦古代五刑之一。以刀刺面,染黑為記。《藝文類聚》卷五四引三國魏傅幹《肉刑議》:「經有墨劓剕割之制。」參見《墨辟》。

⑧謂喪儀穿黑色的喪服。《左傳·僖公三十三年》:「墨以葬文公,晉於是始墨。」楊伯峻注:「謂著黑色喪服以葬文公也。晉自此以後用黑色衰経為常,襄公二十三年《傳》云:『公有姻喪,王鮒使宣子墨縗冒経』可證。」

⑨繩墨。木工用以校正曲直的墨斗線。引申為準則、法度。《楚辭·九辨》:「何時俗之工巧兮,背繩墨而改錯。」

⑩古人燒灼龜甲以視吉凶。其粗大的正縫謂之「墨」。《周禮·春官·占人》:「史占墨,卜人占坼。」鄭玄注:「墨,兆廣也;坼,兆舋也。」

⑪燒田也。《文選》枚乘〈七發〉:「徼墨廣博,觀望之有坼。」李善注:「墨,燒田也。言逐獸於燒田廣博之所,而觀望之有坼壒也。」

⑫古度量單位,五尺為墨。

⑬墨家的簡稱。《韓非子·顯學》:「孔墨之後,儒分為八,墨離為三。」

⑭通「默」。靜默、謙退。《荀子·解蔽》:「故口可劫而使墨云,身可劫而使之詘申。」[9]

⑮姓。《通志·氏族四·以名為氏》:「《姓纂》云:孤竹君之後,本墨台氏,後改為墨氏。」

---

9 「身可劫而使詘申」王先謙《荀子集解》作:「形可劫而使詘申」。(臺北市:藝文印書館,1977年),頁652。

　　《新華字典》對於「墨」的解釋，並附有現代使用的詞例與解釋[10]：

　　①寫字繪畫用的黑色顏料：一錠墨。墨汁。墨水匣。墨蹟。墨
　　　寶（珍貴的字畫。亦用來尊稱別人寫的字、畫的畫）。
　　②寫字畫畫用的各色顏料：墨水。油墨。粉墨登場。
　　③黑色或接近於黑色的：墨黑。墨面（a.黑的臉色；b.指墨
　　　刑）。墨鏡。墨綠。墨菊。墨晶（黑色的水晶）。
　　④貪污：貪墨。墨吏。
　　⑤古代一種刑罰，在臉上刺字並塗墨（亦稱「黥」）：墨刑。
　　⑥姓。
　　⑦古同「默」，緘默。

教育部《重編國語辭典》（網路版）的解釋如下[11]：

名詞：

　　①書畫用的黑色顏料。如：「石墨」、「筆墨」。元王實甫《西廂
　　　記・第三本・第二折》：「一緘情淚紅猶溼，滿紙春愁墨未
　　　乾。」
　　②書畫用的各色顏料。如：「藍墨」、「紅墨」。
　　③文字、文章或知識。如：「胸無點墨」、「惜墨如金」、「舞文
　　　弄墨」。

---

10 參見《在線新華字典》，網站首頁：http://xh.5156edu.com/。
11 參見教育部《重編國語辭典》（網路版），網站首頁：http://dict.revised.moe.edu.tw/
　 index.html。

④字畫的代稱。如：「墨寶」。宋歐陽修《唐顏魯公法帖》：「此本墨蹟在予亡友王子野家。」

⑤古代肉刑之一。在罪人臉上刺刻染墨。《書經・呂刑》：「墨辟疑赦，其罰百鍰。」孔安國《傳》：「刻其顙而涅之曰墨刑。」

⑥墨家的簡稱。如：「儒墨」。《孟子・滕文公》下：「天下之言，不歸楊則歸墨。」

⑦姓。如戰國時宋國有墨翟。

形容詞：

①黑色如墨的。如：「墨菊」、「墨綠」。《孟子・滕文公》上：「君薨，聽於冢宰，歠粥，面深墨。」

②貪汙的。如：「墨吏」。

綜合以上五部字、辭典裡所收錄的常用解釋，排除跟「墨」本義完全無關的假借義後[12]，約可整理、歸納為下列三組：

第一組，名詞：本義「書墨」以及跟「書墨」有關的名詞用法。

名詞用法包括：書畫用的黑色顏料，書畫用的各色顏料，文字或書畫的代稱[13]，尊稱別人的字畫[14]；若再從文字或書畫的代稱擴大其意義範圍，便可作為文字、文章或知識的代稱。這是從「書墨」的意義單純的引申、借代等來的。

---

12 我們將作為長度單位的「墨」、姓氏的「墨」以及通「默」用法的「墨」視為假借義，而排除在外。

13 這是透過修辭學上的借代手段，以工具代指作品。

14 這也是透過修辭學上的借代手段，從全體字畫的代稱縮小到部分字畫（尊稱對方的作品）的代稱。

　　第二組，名詞：包括以「墨」為工具或材料所衍生出來的意義和用法。

　　以黑色顏料為工具，除了寫字作畫以外，「墨」還可以用在龜殼上、用在刺字的臉上，另外木工還以之用在校正曲直的工具上，因此「墨」具有了下列的意義：

(1) 龜殼上的「墨」紋：是以墨畫在龜殼上，以火灼龜殼，再觀其紋路，巨紋謂之「墨」。

(2) 刑罰的一種——「墨刑」：以墨為材料，塗在受刑者刺了字的臉上，所以有「墨刑」。

(3) 木工把「墨」用在「墨斗線」上，可以用來校正曲直，從此義又可引申為「法度」、「準則」的意思。

　　第三組，名詞引申為形容詞，並引申出名詞義和動詞義。

　　由於「書墨」特徵為色黑，所以從「書墨」本義可以引申出「黑（的／色）」或「色黑如墨」的意思；並可延伸出抽象意義的「黑暗」、「臉色不好」以及行為上的不潔如「貪污」等意思。這些意思基本上都可歸為形容詞。另外黑色的事物中，燒黑的田地可稱「墨」[15]；而由於古代的「墨者」面色黧黑，所以稱「墨家」，「墨」於是成為先秦時的一個學派名稱[16]。這兩個意義是從形容詞「黑」延伸而來的名詞義。至於「在喪儀中穿黑色的喪服」，也與「墨」色黑有關，不過作動詞義解。

---

15 參見周啟成等注譯，劉正浩等校閱《新譯昭明文選》（臺北市：三民書局，1997年），頁1553。

16 這是依據一般通行的說法，如果依據錢穆的說法，可歸第二組，由「墨刑」延伸出來。

(二)「墨」字義的引申發展

　　我們以下擬用圖示的方式表明前述這些意義的滋乳或引申：

「墨」字第一組意思主要由「書墨」（黑色顏料）層層伸展而來[17]：

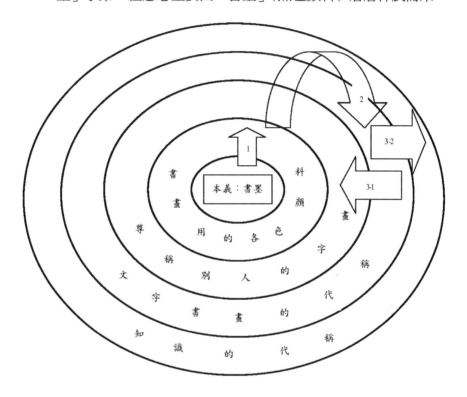

圖一　「墨」第一組字義引申示意圖

　　如果以語意成分進行分析，則是[18]：

---

17 意義的「伸展」是指由一個意思（圓心）以同心圓方向層層擴展到四周。

18 語意成分分析參考湯廷池：《國語變形語法》（臺北市：學生書局，1977年），頁42-43；謝國平：《語言學概論》（臺北市：三民書局，2004年），頁251。

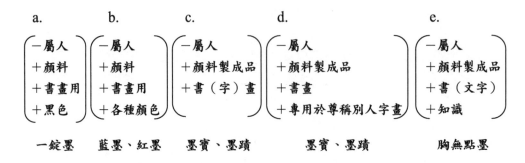

圖二 「墨」第一組字義語意成分分析圖

墨「字」第二組意思主要是由以「書墨」（黑色顏料）為工具或材料推衍（推引）而來[19]：

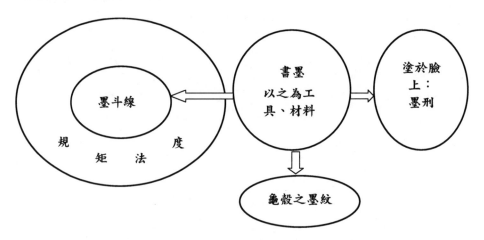

圖三 「墨」第二組字義引申示意圖

其語意成分分析如下：

---

19 意義的「推衍」或「推引」，指的是字義以類似圓球滾動的方式向旁延伸。

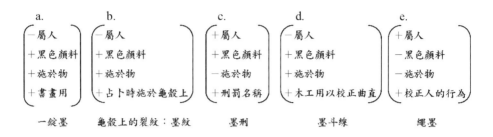

圖四　「墨」第二組字義語意成分分析圖

「墨」字第三組意義是由「書墨」色「黑」推引而來：

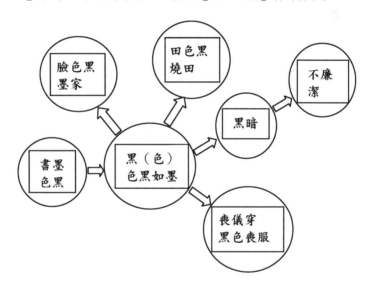

圖五　「墨」第三組字義引申示意圖

其語意成分分析如下：

圖六　「墨」第三組字義語意成分分析圖

二　名詞與形容詞活用為述語時語意的轉變

　　因為前述「墨」字的意義，除了「晉於是始墨」的動詞意義以外，其他意義主要都屬名詞或形容詞，所以以下將以高中國文教科書中常見的文言文為語料，以其中的名詞、形容詞活用為述語之用例，簡單探討、歸納名詞、形容詞活用為述語時語意轉變的梗概。

（一）詞類活用現象在我國的語文中十分普遍

　　我國的語文在世界語言的分類上，屬於漢藏語系的語言，是有聲調的單音節孤立語。漢語具有聲調，一般人很容易理解；單音節指的是多數的單音節可成「詞」，就可在句子中自由運用；孤立語則指較少像英、俄語等一樣的屈折變化[20]。

　　前已提及英語、俄語是傾向於屈折語的印歐語系語言，與漢語相較，明顯的有豐富的形態變化，而且詞類和句子的成分之間存在著簡

---

20 屈折變化又稱「詞形變化」或「形態變化」。指語詞表達不同語法意義或擔負不同語法功能時所發生的詞形變化。有兩種變化方式：一種是在詞根或詞幹上添加詞綴，例如英語中在名詞的單數形式後面加上後綴-s 或-es 以構成相應的複數形式就是；另一種是詞內的語音變化，如英語 begin 這個動詞，過去式為 began，過去分詞是 begun。

單的一一對應關係。反觀漢語，形態變化的標誌較少，詞類和句子成分之間的對應關係並不明顯。表現在語文方面，一方面，任何一個詞在句子裡，不論居於何種句法位置，也不管語法功能為何，都是一種書寫形式，而且多數的情況讀音也相同；所以漢語組詞成句，主要靠語序和虛詞。因此，決定一個詞的詞性，往往無法離開語境，也就是要靠「詞」在句中的先後順序，而不是靠詞尾或詞頭的詞形變化；同時一般動詞本身也不會利用內部的語音變化來表示不同的時態，換言之，不具有時態的區別。因此，漢語的「詞」出現在句子裡，有兩個很重要的特色：一是語序相當固定；二是實詞的詞類活用現象相當普遍。

　　漢語的實詞，雖然詞類和句子的成分之間對應關係不是非常明顯，但實詞所能擔任的語法成分基本上還是相對的固定，例如：名詞，主要擔任句子的主語、賓語（含介詞賓語），偏正結構的中心語以及部分偏正結構的定語[21]；形容詞主要擔任表態句的謂語中心以及偏正結構的定語、補充結構的補語[22]；動詞則主要擔任敘事句的述語等。這些用法都是上述這些詞類的「本用」。

　　會產生詞類活用現象的，往往以實詞為主。詞類活用，指的是實詞在特定語言環境下，臨時轉移用法的現象；也就是在某一個特殊的語言環境裡，實詞暫時具有它本用以外的用法的一種現象。如前所述，名詞本來可以擔任所有句型的主語，敘事句和有無句的賓語，判斷句的斷語等；如果名詞一旦離開其本用，在句子裡出現在前述用法以外的位置上，我們就視之為名詞的詞類活用。所以像「侶魚蝦而友

---

21 偏正結構又稱「主從結構」或「詞組」，在本文中是指「具有領屬或形容性質的修飾語＋名詞性被修飾語」的組合形式。「定語」即領屬或形容性質的修飾語。

22 補充結構是：「中心語＋補語」的組合形式；「補語」是出現在中心語後，對中心語補充、說明的成分。

麋鹿」（蘇軾〈赤壁賦〉）的「侶」與「友」，原本都是名詞，但在此處卻擔任述語，也就是跟動詞的用法一樣，因為它出現在非名詞所能出現的位置上，這個位置是述語的位置，我們便稱之為「名詞述語」；而述語又是動詞最常擔任的語法成分，所以一般習慣稱為「名詞活用為動詞」。這種現象屬於詞類活用的現象，在修辭學上稱作「轉品」。

前已提及漢語的詞出現在句子裡的語序十分重要，必須透過語序才能表現出句法功能，所以詞類活用也就必須在句子裡才能顯現出來。而詞類活用，並不是詞的兼類，也不是訓詁上的通假或假借。詞的兼類指有些詞兼屬不同詞類的現象，一個詞具備兩個或兩個以上詞類所特有的語法功能，就形成兼類[23]。例如「代表」作名詞時，前頭可以加數量短語，如「一位代表」、「那位代表」；但不能加「不」；作為動詞時，前頭可以加「不」，後頭能接賓語，如「代表大家」、「不代表學校」、「代不代表國人」，因此兼有名詞和動詞用法。不過詞類活用，指的並不是這種現象。至於訓詁上的通假或假借，則是指某一個詞因為讀音相近、相同的關係，代替了另一個詞的用法，而且積久成習的一種現象，如諸葛亮〈出師表〉：「益州罷弊」，以「罷」字代替「疲」字，司馬遷《史記‧張釋之馮唐列傳》：「民安所錯其手足？」以「錯」代「措」等。詞類活用，指的也不是這種情況。

既然漢語實詞的詞類活用或轉品現象相當普遍，那麼當一個詞具有不只一個意義，而在句子裡的用法又脫離其本用的範疇時，像前述「墨人衣」的「墨」，其語意解釋究竟與本用的哪一個詞彙意義相當，也就是它從原來哪一個語意成分轉品或活用過去的，這涉及到語意解釋的問題。以下便以高中國文教科書中的名詞述語與形容詞述語為例，進行探討。

---

23 參見戚雨村等：《語言學百科詞典》（上海市：上海辭書出版社，1993年），頁511。

（二）高中國文教科書中的名詞述語與形容詞述語

1 名詞述語的用例

　　名詞活用為動詞擔任述語，往往有意義上的關聯，而且對於動作的態度、工具方法、處所、方向等也具有鮮明的效果，以下是現行高中國文教科書中名詞述語的常見用例，從名詞到述語的語意轉變，約可分為四組[24]，例如：

1. 今大道既隱，天下為家，各親其親，各子其子，貨力為己。（《禮記·大同與小康》）
2. 迨產子女，婦始往婿家迎婿，如親迎，婿始見女父母，遂家其家，養女父母終身，其本父母不得子也。（陳第〈東番記〉）
3. 生乎吾前，其聞道也，固先乎吾，吾從而師之……吾師道也，夫庸知其年之先後生於吾乎？（韓愈〈師說〉）
4. 閭里之俠皆宗之。（蘇軾〈方山子傳〉）
5. 況吾與子，漁樵于江渚之上，侶魚蝦而友麋鹿，駕一葉之扁舟，舉匏樽以相屬；寄蜉蝣於天地，渺滄海之一粟。（蘇軾〈赤壁賦〉）
6. 邑人奇之，稍稍賓客其父，或以錢幣乞之。（王安石〈傷仲永〉）
7. 其一無所不取，以交於上官，子吏卒而賓富民。（劉基《郁離子·蜀賈三人》）

---

24 本文所列的各例，以不造成語音改變作為名詞述語用例選取的標準。如果像：「衣」字有名詞「一」（陰平）、動詞「一ˋ」（去聲）兩讀，因為意義不同，已經造成語音的轉變，就不將讀去聲、動詞用法的「衣」（「一ˋ」）視為活用。形容詞述語的判定標準亦同此。

8. 無酋長，子女多者眾雄之。(陳第〈東番記〉)

9. 於是家貽一銅鈴使頸之，蓋狗之也。(陳第〈東番記〉)

第一組例1至例9分別是名詞「子」(有多例)、「師」、「宗」、「侶」、「友」、「賓客」、「賓」、「雄」、「狗」活用為述語的例子，在句子裡，這些名詞述語的用法主要從意動用法而來，其語意特色是：主語用對待該名詞所用的態度來對待賓語[25]。

10. 驢不勝怒，蹄之。(柳宗元〈黔之驢〉)

11. 一日，使史公更敝衣草屨，背筐，手長鑱，為除不潔者。(方苞〈左忠毅公逸事〉)

12. 余扃牖而居，久之，能以足音辨人。(歸有光〈項脊軒志〉)

13. 匣而埋諸土。(劉基《郁離子選・工之僑得良桐》)

14. 項莊拔劍起舞；項伯亦拔劍起舞；常以身翼蔽沛公，莊不得擊。(司馬遷〈鴻門宴〉)

---

25 例1「子其子」即「以對待子女的態度對待自己的子女」，於是第一個「子」就有了「照顧、撫愛」的意思。例2雖然未出現賓語，但仍可用這個角度去理解，所以「不得子」解釋時就成了「不得再視為子」。例3「師」當理解為「用對待老師的態度去對待」時，自然有了「師法、學習」的意思。例4「宗」本義為宗廟、祖廟，引申有祖先之意，擔任名詞述語時，就是「用對待自己祖宗的態度去對待」賓語，因此有「尊崇、效法」之意。例5「侶」為同伴，擔任名詞述語，即「用與同伴相處的態度對待」，因此「侶魚蝦」就是「與魚蝦結為同伴」；「友」是「朋友」，也指「意氣相投、情誼互通之人」，換言之，在此就要「以對待朋友、意氣相投、情誼互通之人的態度去對待」，於是「友麋鹿」便是「與麋鹿為友」。同理例6「賓客其父」是「用對待賓客的態度對待其父」，也就是「禮待其父」。例7「子」的用法同例1；「賓」的用法同例6。例8「雄」本是「英雄」或「勇敢傑出的人」，「雄之」是「用對待勇者的態度對待他」，因此有了「推舉他為首領」的意思。例9「狗」是食肉犬科動物的通稱，「狗之」就是「用對待狗的態度對待他們」，亦即「視之為狗」。

第二組例10至例14，名詞述語本身或為施動者身上的一個器官、部位，或為某種器具，或是雖非施動者身上的器官，但施動者像有那個器官一樣以之為工具，做了述語的行為與動作。這一組語意是從以名詞述語為工具或憑藉而產生的[26]。

> 15.方其破荊州，下江陵，順流而東也，舳艫千里，旌旗蔽空，釃酒臨江，橫槊賦詩；固一世之雄也，而今安在哉？（蘇軾〈赤壁賦〉）
>
> 16.冬，鹿群出，則約百十人即之，窮追既及，合圍衷之。（陳第〈東番記〉）
>
> 17.於是家貽一銅鈴使頸之，蓋狗之也。（陳第〈東番記〉）

第三組例15至例17的名詞述語，其語意特色比較像致動用法，「東」、「衷」（中）為方位名詞，具有處所性或方向性，「頸」雖為身體的器官或部位，但不像第二組理解為施動者以之為工具，而要理解為銅鈴所戴的部位[27]。

> 18.假舟檝者，非能水也，而絕江河。（荀子〈勸學〉）

---

26 例10「蹄」、例11「手」分別是施動者身上的一個器官，施動者以之為工具，於是分別有了「（用蹄）踢」、「（用手）持」的意思；例12「扃」本是安裝在門外的門閂或環鈕、例13「匣」是收藏器物的小箱子，分別各是一種器具，在例中擔任述語就有「用門閂栓上」、「用小匣子裝起來」的意思。例14較特別，施動者並未具有「翼」（翅膀），但在句中的意思是：施動者是以像鳥類用翅膀保護幼小者一樣，去「掩蔽、保護」沛公。

27 例15「東」、例16「衷」（中）皆為方位名詞，在語意解釋上要理解為致動用法：「使……朝東」、「使……朝中」；例17「頸」是身體的部位，語意要理解為在這個部位戴著它（銅鈴）。

19. 工之僑得良桐焉，斲而為琴，弦而鼓之。（劉基《郁離子
　　選‧工之僑得良桐》）

20. 迨產子女，婦始往壻家迎壻，如親迎，壻始見女父母，遂家
　　其家，養女父母終身，其本父母不得子也。（陳第〈東番
　　記〉）

21. 晉軍函陵，秦軍氾南。（左丘明〈燭之武退秦師〉）

22. 如詩不成，罰依金谷酒數。（李白〈春夜宴從弟桃花園序〉）

23. 忽一夕，穴壁負五簏去。（李清照〈金石錄後序〉）

24. 屋壞重建，坎屋基下，立而埋之。（陳第〈東番記〉）

第四組例18至例24的語意理解，或可從在該名詞所在的處所會產生的
行為、動作聯想入手，或跟要形成該名詞的事、物應有的動作、行為
切入進行理解[28]。

　　比較特別而無法歸到前述四組的是下面這兩個例子：

25. 越國以鄙遠，君知其難也。（左丘明〈燭之武退秦師〉）

26. 夫晉，何厭之有？既東封鄭，又欲肆其西封。（左丘明〈燭
　　之武退秦師〉）

例25名詞「鄙」原指「邊邑」，活用為述語後，有「以……為邊邑」

28　例18「水（中）」是一個處所，擔任名詞述語，在此要理解為在水裡的行為，於是
　　便指在水裡「游泳」。例19「弦」本是琴的一個部件，擔任名詞述語，可理解成
　　「在琴上安裝上弦」的意思。例20名詞「家」擔任述語，聯想到的是與家有關的動
　　作，即「居住」。例21至例24的語意理解，則要分別從跟該名詞有關或形成該名詞
　　的事物會產生的行為、動作切入，「軍隊」停下來的動作是「駐紮」；「詩」，必須
　　「作」，在此便指「作詩」；「穴」、「坎」，必須鑿或挖才能形成，所以「穴壁」是
　　「鑿壁洞」、「坎屋基下」是「在房屋地基下挖洞穴」。

的意思；例26名詞「封」本是「疆界」，此指「在⋯⋯開拓疆界」。前者看似跟處所或所在有關，但不宜以前述第三組例子改動的語意去解釋，而是比較接近意動用法；後者略近於第四組，即跟「疆界」有關的動詞是「開拓」，所以可理解為「開拓疆界」。

　　以上是名詞述語可能具有的語意特色。

2 形容詞述語的用例

　　至於形容詞活用為述語，會依據形容詞原有含義往動性方面引申，所以「苦」可往動性方面引申為「感到痛苦」、「痛恨」；「異」往動性方面引申就有「覺得怪異」、「感到奇怪」的意思；「輕」往動性方面引申為「輕視」等等[29]。高中國文教科書中，形容詞述語的用例不多，而且部分例子有些學者認為不見得是詞類活用[30]，我們以下所引的例子，基本上以讀音是否改變為判斷依據，若形容詞與動詞用法為同一音讀，基本上我們將它們視為同一個詞，動詞用法就視為形容詞活用[31]；若音讀有別異，則視為兩個不同的詞，就不算是詞類活用。所以我們下面除了引用教材上的例子之外，也引用一些常被引列討論的形容詞述語用例。這些用例，約可分為三組：第一組是形容詞

---

29 參見邱宜家：《古漢語實詞用法規律例話》（重慶市：重慶出版社，1988年），頁159。

30 例如「異」除了形容詞「特別、不尋常」之外，具有動詞「（覺）奇怪」之意；「齊」除了「整齊」、「完備」的形容詞意義之外，尚有「整治、整理」、「使同等、一致」、「達到同樣高度或長度」等動詞意義；「豐」除了「豐厚」、「富饒」的形容詞意義以外，也兼有動詞「使厚多」之意。但是因為這並未造成讀音的改變，所以我們仍將它視為形容詞述語。至於「遠」有上聲「ㄩㄢˇ」（形容詞）與去聲「ㄩㄢˋ」（動詞）兩讀、兩種用法，因在習慣上已從語音去分別詞義與詞性了，所以我們對去聲的「遠」（「ㄩㄢˋ」）就直接看成動詞，而不視為形容詞活用。

31 至於一音讀分別有形容詞與動詞用法，何以歸入形容詞？主要看該詞：1.能否被程度副詞修飾？2.是否具有比較級？3.是否具有最高級？若能符合此三條件，則將之歸為形容詞，形容詞用法就是它的本用；動詞用法則為活用。

述語的致動用法，第二組是形容詞述語的意動用法，第三組則是形容詞述語的一般用法。

形容詞述語的致動用法，其間的「主述賓」關係不像一般句式的「主述賓」關係，必須理解為「主語＋使＋賓語＋述語」，即：「主語使賓語具有述語的特質」的語意。如果從賓語的角度來看，賓語因為形容詞述語致動用法的關係，的確發生了本質上的改變。例如：

1. 以正君臣，以篤父子，以睦兄弟，以和夫婦。(《禮記・禮運・大同與小康》)
2. 諸侯恐懼，會盟而謀弱秦。(賈誼〈過秦論〉)
3. 墮名城，殺豪傑，收天下之兵，聚之咸陽，銷鋒鏑，鑄以為金人十二，以弱天下之民。(賈誼〈過秦論〉)
4. 小人寡欲，則能謹身節用，遠罪豐家。(司馬光〈訓儉示康〉)
5. 春風又綠江南岸。(王安石〈泊船瓜洲〉) [32]
6. 攝緘縢，固扃鐍，一人之智力，不能勝天下欲得之者之眾。(黃宗羲〈原君〉)
7. 吏因以巧法。(方苞〈獄中雜記〉) [33]
8. 欲居之以為利，而高其值，亦無售者。(蒲松齡《聊齋誌異・卷四・促織》) [34]

---

32 〔宋〕王安石著，〔宋〕李雁湖箋注，〔宋〕劉須溪評點：《箋注王荊文公詩》(臺北市：廣文書局，1960年)，卷43，頁28。

33 〔清〕方苞：《方望溪文鈔》，《國學基本叢書》(臺北市：新興書局，1956年)，頁16右。

34 蒲松齡：《聊齋誌異》(臺北市：九思出版公司，1978年)，頁487。
　　「高」，教育部《重編國語辭典》收有動詞「尊崇、敬重」的意思，引用的是《韓非子・五蠹》：「以其不收也外之，而高其輕世也。」但此例「高其值」指的是「抬高牠的價錢」，跟《重編國語辭典》所引的動詞義不同。

例1至例8是形容詞述語的致動用法：例1的形容詞述語「正」、「篤」、「睦」、「和」分別有：「使……正」、「使……篤」、「使……睦」「使……和」之意；例2、例3的「弱」都是「使……（變）弱」之意；例4「豐」是「使……豐（厚）」；例5「綠」是「使……（變）綠」；例6「固」是「使……堅固」；例7「巧法」是「使法變巧」，有「玩弄法律」的意思；例8「高其值」是「使其價值提高」之意。這些形容詞述語，都「使」其後的名詞賓語變得「具有」述語的特質，換句話說，賓語在本質上已發生了改變。

　　形容詞述語的意動用法，其間的「主述賓」關係表示的是「主語以賓語為述語」，亦即具有「主語認為賓語具有述語的特質」，或「主語把賓語當成述語」的語意。如果從賓語的本質來看，賓語還是原來的賓語，只不過主語對它在情感方面的認知不一樣而已，謂語表示的是陳述對象對賓語的主觀看法。例如：

9. 固知一死生為虛誕，齊彭殤為妄作。（王羲之〈蘭亭集序〉）

10.漁人甚異之。（陶淵明〈桃花源記〉）

11.今年九月二十八日，因坐法華西亭，望西山，始指異之。
　　（柳宗元〈始得西山宴遊記〉）

12.人知從太守遊而樂，而不知太守之樂其樂也。（歐陽修〈醉翁亭記〉）

13.邑人奇之，稍稍賓客其父。父利其然也[35]。（王安石〈傷仲永〉）

14.孔子登東山而小魯，登泰山而小天下。（《孟子‧盡心》上）[36]

---

35 「利」有動詞「有益於」之意，如：「利人利己」。然「利其然」非「有益於其然」而是認為這樣有好處。

36 楊伯峻：《孟子譯注》（臺北市：華正書局，1990年），頁311。

例9至例14是形容詞述語意動用法的例子：例9的形容詞述語「齊」是「以……為齊一」的意思；例10、例11的「異」都是「以……為異（特別）」；例12「樂」是「以……為樂（事）」；例13的「奇」、「利」分別是「以……為奇（特之事）」、「以……為有利」；例14的兩個「小」都是「以……為小」之意。這些形容詞述語都表示主語的主觀認知，認為賓語具有形容詞述語的特質，這種特質是主語一種情感性的、相對性的看法，不是絕對性的、客觀性的，所以賓語實質上並未改變。

> 15.老吾老，以及人之老；幼吾幼，以及人之幼，天下可運於掌。（《孟子·梁惠王》上）[37]

例15兩例是形容詞述語的第三組用法，其語意表現不從致動用法來，也不從意動用法來，反而比較像前面名詞述語的第一組的語意，因為例中第一個「老」與第一個「幼」分別表示的是用「對待自己的『老者』、『幼者』該有的態度去對待」的意思。

（三）「墨」字在早期文獻中的用法——以《左傳》為例

釐清名詞述語和形容詞述語在句子裡的語意表現之後，我們簡單的查考一下「墨」在古典文獻裡詞類活用的情形。

段玉裁在《說文解字注》「墨」下說：引申之為「晉於是始墨」，「肉食者無墨」，為「貪以敗官為墨」[38]。

段玉裁所列的引申義之例，都出自《左傳》。「晉於是始墨」見於

---

37 楊伯峻：《孟子譯注》，頁16。
38 許慎著，段玉裁注：《說文解字注》，頁694下欄。

《左傳‧僖公三十三年》[39]，「肉食者無墨」見於《左傳‧哀公十三年》[40]，「貪以敗官為墨」見於《左傳‧昭公十四年》[41]，這三例「墨」的意義在前文討論「墨」的引申義時，已出現了，都屬於「墨」的第三組意思：前一例出現在時間狀語「始」之後，在句中擔任的是述語，《漢語大詞典》將其解釋為「喪儀穿黑色的喪服」，是「墨」的動詞用法；後兩例一指面色黧黑、氣色下，一指貪污不潔，是「墨」的形容詞用法。因為「晉於是始墨」與「墨人衣」兩個述語的「墨」用法關係較為密切，以下我們便以《左傳》為例，再作延伸考察[42]。

　　「墨」在《左傳》中共出現十四例[43]，其中七例為人名：例如史墨、蔡墨等；作「氣色下」（或「面色黧黑」）解有二例即前段玉裁所引「肉食者無墨，今吳王有墨。」（《左傳‧哀公十三年》）；另有作形容詞「貪污（的／之事）」者一例，即前段玉裁所引「貪以敗官為墨」（《左傳‧昭公十四年》）。其餘四例為述語用法，茲引列如下：

　　　1. 子墨衰絰，梁弘御戎，萊駒為右。（《左傳‧僖公三十三年》）[44]

39　楊伯峻：《春秋左傳注》（臺北市：漢京文化事業公司，1987年），頁498。

40　楊伯峻：《春秋左傳注》，頁1677。

41　楊伯峻：《春秋左傳注》，頁1367。

42　「墨」在《詩》、《周易》、《論語》中未見，在《孟子》中十四見，與墨家、人名有關的有十二例，形容詞義「面色黧黑」一例（面深墨，見於《滕文公》上）、作名詞「繩墨」解一例（見於《盡心》上），都無關動詞義。

43　實出現十五次，其中一次引《夏書》：「己惡而掠美為昏，貪以敗官為墨，殺人不忌為賊。《夏書》曰：『昏、墨、賊，殺』，皋陶之刑也，請從之。」見於《左傳‧昭公十四年》，未計入。楊伯峻：《春秋左傳注》，頁1367。

44　楊伯峻：《春秋左傳注》，頁498。

2. 遂墨以葬文公，晉於是始墨。(《左傳·僖公三十三年》)⁴⁵

3. 公有姻喪，王鮒使宣子墨縗冒絰，二婦人輦以如公，奉公以如固宮。(《左傳·襄公二十三年》)⁴⁶

上述四例，可以分為兩組：「遂墨以葬文公」、「晉於是始墨」、「王鮒使宣子墨縗冒絰」是一組，指的是「喪儀著黑色的喪服」⁴⁷；「子墨衰絰」是另一組，指的是「使（把）衰服、腰絰染成黑色」⁴⁸。這四個「墨」擔任述語的例子，都與「墨」的「黑色」意義有關，但跟「墨」的「書墨」意義無涉。

從《左傳》這四個例子的旁證，我們認為當「墨」活用為述語時，其意義的主要來源是形容詞的「黑（色）」，而非名詞意義的「書墨」。尤其我們在《左傳》前引的例子中並未發現「書墨」意義的「墨」有詞類活用的例子。

參 結語

從前面「墨」意義的引申變化，以及「墨」的動詞意義來看，

---

45 楊伯峻：《春秋左傳注》，頁498。

46 楊伯峻：《春秋左傳注》，頁1075。

47 楊伯峻：《春秋左傳注》，頁498、1075。楊伯峻在「遂墨以葬文公，晉於是始墨」下說：「謂著黑色喪服以葬文公也。晉自此以後用黑色衰絰為常。」《漢語大詞典》即引此作為「墨」字動詞意義用例之佐證。楊伯峻又在「王鮒使宣子墨縗冒絰」下注云：「縗，衰服；冒，冒巾；絰，腰絰。三者皆墨色。此婦人喪服，悼夫人服之，使宣子偽為悼夫人之侍御，其服亦如悼夫人之服。」

48 楊伯峻在「子墨衰絰」下云：「襄公此時居喪，宜喪服，而喪服為白色，不宜從戎，故雖著衰絰之喪服，而染為黑色，黑色固戎服之色也。墨衰絰者，謂墨其衰與絰也。」「墨衰絰」，雖亦有著黑色喪服之意，但這個「墨」字的意義著重在「將衰、絰染為黑色」、「改變衰、絰顏色為黑色」，也就是「染黑衰絰」的意思。

「墨」活用為述語時的意義來源，已經很明顯的可以看出其意義主要來自「墨」的引申義「黑（的／色）」，而非「書墨」的本義。因此沈括《夢溪筆談》「石炭煙亦大，墨人衣」的「墨」，應該是從「黑」的意思活用來的；換句話說，是由形容詞意思「黑（的／色）」經由致動用法而來。

　　經由前述的討論，我們可以得到下列幾項結論：

一、「墨」的形容詞用法可活用為述語；而名詞用法，未見活用為述語之例。

二、名詞述語的意動用法與形容詞述語的意動用法，語意有別：

名詞述語的意動用法，主語跟賓語的關係，已經產生了變化，或有了實際的作為。例如我們前面提到的名詞述語例2：「其本父母不得子也」（陳第〈東番記〉）的「子」是「以之為子」，整句話的意思是：「他本來的父母不能再把他當兒子對待」，所以主語對待賓語的態度已明顯有別；至於形容詞因為具感受性的語意特徵，所以活用為述語的意動用法，每每表現的是主觀的色彩，是主語本身對賓語觀念、想法的改變，亦即僅表示陳述對象的主觀看法，無關乎賓語的實際，其原來的狀貌並未有絲毫改變，例如前引形容詞述語例14「孔子登東山而小魯，登泰山而小天下。」（《孟子·盡心》上）句子中，「魯」或「天下」，並未因主語的主觀認知而真的變小了。所以雖同屬意動用法，但名詞述語與形容詞述語，其語意有別。

三、名詞述語的致動用法與形容詞述語的致動用法，語意同中有異：

不論名詞述語或形容詞述語的致動用法，其語意基本上都是述語會使賓語發生改變，這是兩者相同的地方；但是有時又略有小異。例如我們在前面所列名詞述語例14「順流而東」的

　　「東」，是朝著名詞述語的方向前進[49]；至於形容詞述語的致動用法，主要是主語讓賓語具有該形容詞述語的特質，如前形容詞述語例5「春風又綠江南岸」，江南的水岸真的變綠了，具有了「綠」的特質。

---

49 名詞述語致動用法，還可以參見下面的例子：
　1. 吾見申叔，夫子所謂生死而肉骨也。(《左傳‧襄公二十二年》)「肉骨」是「使白骨肉」，即「使白骨長出肉來」。楊伯峻：《春秋左傳注》，頁1070。
　2. 我疆我理，南東其畝。(《詩經‧小雅‧信南山》)(參見〔漢〕毛亨傳，鄭玄箋，〔唐〕孔穎達等正義，《毛詩正義》，《江西南昌府學本》，臺北市：藝文印書館，1981年，頁460。)「南」、「東」皆方位名詞，「南東其畝」，即「使其畝朝南或朝東」。

引用文獻目錄

一 古籍

〔漢〕毛亨傳　鄭玄箋　〔唐〕孔穎達等正義　《毛詩正義》　《江
　　西南昌府學本》　臺北市　藝文印書館　1981年

〔漢〕許慎著　〔清〕段玉裁注　《說文解字注》　《經韻樓藏版》
　　臺北市　藝文印書館　1970年

〔漢〕揚雄　《方言》　臺北市　國民出版社　1959年

〔唐〕楊倞注　〔清〕王先謙　《荀子集解》　臺北市　藝文印書館
　　1977年

〔宋〕王安石著　〔宋〕李雁湖箋注　〔宋〕劉須溪評點　《箋注王
　　荊文公詩》　臺北市　廣文書局　1960年

〔清〕方苞　《方望溪文鈔》　《國學基本叢書》　臺北市　新興書
　　局　1956年

〔清〕蒲松齡　《聊齋誌異》　《會校會注會評本》　臺北市　九思
　　出版公司　1978年

〔清〕王先謙　《荀子集解》　臺北市　藝文印書館　1977年

二 專書

王　力　《中國語法理論》上、下　臺北市　藍燈文化事業公司
　　1987年

王更生　《重修增訂國文教學新論》再版）　臺北市　明文書局　1997年

王初明　《應用心理語言學──外語學習心理研究》　長沙市　湖南教育出版社　1991年

石毓智　李訥　《漢語語法化的歷程──形態句法發展的動因和機制》　北京市　北京大學出版社　2001年

北京大學中文系1955、1957級語言班　《現代漢語虛詞例釋》　北京市　商務印書館　1996年

伍謙光　《語義學導論》　長沙市　湖南教育出版社　1994年

何淑貞等　《華語文教學導論》　臺北市　三民書局　2008年

呂叔湘　《中國文法要略》　臺北市　文史哲出版社　1985年

周法高　《中國古代語法》造句編（上）　臺北市　台聯國風出版社　1972年

周啟成等注譯　劉正浩等校閱　《新譯昭明文選》　臺北市　三民書局　1997年

房玉清　《實用漢語語法》　北京市　北京語言學院出版社　1994年

邱宜家　《古漢語實詞用法規律例話》　重慶市　重慶出版社　1988年

林玉体　《邏輯》　臺北市　三民書局　2009年

馬建忠　《馬氏文通》（上、下）　臺北市　臺灣商務印書館　1978年臺1版

高名凱　《漢語語法論》　北京市　北京商務印書館　1986年新1版

高樹藩重修　《新修康熙字典》　臺北市　啟業書局公司　1984年

國立臺灣師範大學華語語音學編輯委員會　《華語語音學》　臺北市　正中書局　2009年

戚雨村等　《語言學百科辭典》　上海市　上海辭書出版社　1994年

教育部　《國民中小學九年一貫語文學習領域課程綱要》　臺北市　教育部　2003年

許世瑛　《中國文法講話》　臺北市　臺灣開明書店　1979年

湯廷池　《國語變形語法》　臺北市　學生書局　1977年

費爾德南・德・索緒爾、沙・巴利・阿・薛施藹編　《普通語言學教程》　北京市　商務印書館　1980年第1版1刷

楊如雪　《文法 ABC》　臺北市　萬卷樓圖書公司　1998年

楊伯峻　《論語譯注》　臺北市　藍燈文化事業公司　1987年

楊伯峻　《春秋左傳注》　臺北市　漢京文化事業公司　1987年

楊伯峻　《孟子譯注》　臺北市　華正書局　1990年

楊伯峻、何樂士　《古漢語語法及其發展》　北京市　語文出版社　1992年

楊坤堂　《書寫語文學習障礙》　臺北市　心理出版社　2004年

楊樹達　《詞詮》　臺北市　臺灣商務印書館　1995年臺1版五刷

楊樹森　《普通邏輯學》　合肥市　安徽大學出版社　2001年

鄔昆如等　《理則學》　臺北市　黎明文化事業公司　1993年

《漢語大詞典》編輯委員會　《漢語大詞典》　上海市　《漢語大詞典》出版社　1998年

趙元任著　1967年　丁邦新譯　1982年　《中國話的文法》　香港中文大學出版社

劉月華、潘文娛、故韡　《實用現代漢語語法》　臺北市　師大書苑公司　2007年

蔣可心　《對外漢語教學法研究》　哈爾濱市　黑龍江教育出版社　2001年

謝國平　《語言學概論》（增訂新版）　臺北市　三民書局　2004年

藍燈文化事業編輯部　《中文辭源》　臺北市　藍燈文化事業公司　1983年

三 論文

人民教育出版社中學漢語編輯室 〈《暫擬漢語教學語法系統》簡述〉 《語法和語法教學》 北京市 北京人民教育出版社 1980年 頁5-41

〈社論〉 〈切莫輕忽院士的警語〉 《中國時報》2版 2002年7月3日

卞覺非 〈理論性和應用性：理論語法和教學語法的分野〉 《揚州大學學報》 人文社會科學版 2004年1期 頁24-34

王 力 〈語法體系和語法教學〉 《語法和語法教學》 北京市 北京人民教育出版社 1957年 頁42-51

王聿恩 〈句群的銜接與連貫〉 《語文學習》 1984年5期 頁12-15

王聿恩 〈句群有一個明晰的中心意思〉 《武漢教育學院學報》 哲學社會科學版 1989年2期 頁75-80

田小琳 〈複句‧句群‧段落〉 《語文學習》 1984年5期 頁9-13

石慧敏 〈論中高級階段韓國留學生的成語教學〉 《雲南師範大學學報》（對外漢語教學與研究） 2007年10期 頁42-47

沈莉娜 〈近十年來對外漢語教學中的成語教學綜述〉 《語文學刊》（高教版） 2007年7期 頁158-160

吳靜吉 《經營多元智慧——開展以學生為中心的教學‧序》（李平譯） 臺北市 遠流出版事業公司 1997年

李中生 〈《論語》「子所雅言」章辯義〉 《中山大學學報》（社會科學版） 2003年2期 頁78-80

周國光 〈釋「合情合理」與「偏聽偏信」的對立〉 《語言教學與研究》 2002年1期 頁22-27

孟祥森 〈網路用語不像話——老師：基測加考國文作文〉 《聯合報》B8版 2004年6月15日

易麗君　〈教改——讓作文水準低落了〉　《中國時報》　15版　2001年12月12日

姚榮松　〈語法在小學華語教學活動中的角色〉　《華文世界》　46期　1987a　頁18-28

姚榮松　〈意念表出的流程〉　《國文天地》　2卷11期　1987b　頁30-33

施教麟　〈倉頡造字國中生造反〉　《自由時報》　34版　2001年2月12日

孫良明　〈詞類三分法芻議、實詞虛詞二分新析〉　《山東師大學報》　社科版　1992年1月

崔　娜　〈對外漢語成語教學初探——試論《漢語水平詞彙與漢字等級大綱》中「四字格」成語的教學〉　《語言教學研究》　2008年10期　頁138-140

張先亮、李愛民　〈教學語法與理論語法〉　《浙江師大學報》　社會科學版　1994年4期　頁48-51

張志公　〈關於建立新的教學語法體系的問題〉　《中學語文教學月刊》　第6期　1981年　頁1-3

張雅美　〈落實多元智慧教學是對心智習性的一大挑戰〉　《落實多元智慧教學評量》　郭俊賢、陳淑惠譯　臺北市　遠流出版事業公司　2000年　頁9-12

梁忠東　〈成語與古代漢語教學〉　《玉林師範學院學報》　哲學社會科學　2008年　29卷6期　頁140-145

許肇本　〈成語中的特殊語法現象〉　《廣東民族學院學報》　社會科學版　1986年1期　頁59-64

郭　熙　〈理論語法與教學語法的銜接問題——以漢語作為第二語言教學為例〉　《漢語學習》　2002年4期　頁58-66

黃德智　〈從《暫擬漢語教學語法系統》到《中學教學語法系統提
　　　　要》──教學語法研究述評〉　《吉首大學學報》　社會科
　　　　學版　1985年1期　頁86-94

楊如雪　〈九年一貫國語文寫作基本能力「句型及語法」階段指標規
　　　　劃研究〉　成果報告　計畫編號：NSC92-2411-H-003-066-
　　　　1993年

楊如雪　〈文法學在讀與寫教學中的運用〉　《國文天地》　20卷4
　　　　期　2004年　頁27-38

楊如雪、林鑾英　〈語法教學記實〉　《國文天地》　19卷6期
　　　　2003年　頁21-28

楊如雪　〈如何進行文法教學〉　《如何進行國文教學》　臺北市
　　　　國立臺灣師範大學中等教育輔導委員會　1996年

趙清永　〈談談對外漢語教學中的熟語教學〉　《語言文字應用》
　　　　2007年12期　頁6-10

潘先軍　〈簡論對外漢語教學中的成語問題〉　《漢語文教學與研
　　　　究》　2006年1期　頁54-57

潘曉紅　〈語文教學中妙用「成語」偶得〉　《語言學習》　2004年
　　　　5期　頁78-79

鄭　萍　〈成語中的語法知識教學管見〉　《黔南民族師範學院學
　　　　報》　2004年2期　頁46-49

戴　云　〈理論語法、教學語法與對外漢語教學語法的建設〉　《黑
　　　　龍江高教研究》　2007年4期　頁160-162

簡茂發　〈多元評量之理念與方法〉　《教師天地》　第99期　頁
　　　　11-17

語文教學叢書 1100013

國文語法教學的理論與實務

作　　者	楊如雪	
責任編輯	吳家嘉	
特約校稿	林秋芬	

發 行 人	陳滿銘
總 經 理	梁錦興
總 編 輯	陳滿銘
副總編輯	張晏瑞
編 輯 所	萬卷樓圖書股份有限公司
排 　 版	林曉敏
印 　 刷	維中科技有限公司
封面設計	斐類設計工作室

發　　行　萬卷樓圖書股份有限公司
　　　　　臺北市羅斯福路二段 41 號 6 樓之 3
　　　　　電話 (02)23216565
　　　　　傳真 (02)23218698
　　　　　電郵 SERVICE@WANJUAN.COM.TW
大陸經銷　廈門外圖臺灣書店有限公司
　　　　　電郵 JKB188@188.COM
香港經銷　香港聯合書刊物流有限公司
　　　　　電話 (852)21502100
　　　　　傳真 (852)23560735

ISBN 978-986-478-018-1
2019 年 7 月初版二刷
2016 年 7 月初版
定價：新臺幣 380 元

如何購買本書：

1. 劃撥購書，請透過以下郵政劃撥帳號：
　　帳號：15624015
　　戶名：萬卷樓圖書股份有限公司
2. 轉帳購書，請透過以下帳戶
　　合作金庫銀行　古亭分行
　　戶名：萬卷樓圖書股份有限公司
　　帳號：0877717092596
3. 網路購書，請透過萬卷樓網站
　　網址 WWW.WANJUAN.COM.TW

大量購書，請直接聯繫我們，將有專人為
您服務。客服：(02)23216565 分機 610

如有缺頁、破損或裝訂錯誤，請寄回更換
版權所有·翻印必究
Copyright©2014 by WanJuanLou Books CO., Ltd.
All Right Reserved　　　　　**Printed in Taiwan**

國家圖書館出版品預行編目資料

國文語法教學的理論與實務 ／ 楊如雪著.
-- 初版.-- 臺北市 ：萬卷樓, 2016.07
　　面 ；　　公分

ISBN 978-986-478-018-1(平裝)
1.漢語教學　2.語法　3.中等教育

524.31　　　　　　　　　　　105012349